A Vida após o divórcio.
Começar de novo.

Keith G. Churchouse

© *Janeiro 2013*

Tradução de Rosana Reicher Chazan

(rosanachazan@reicher.com.br)

Revisão de Valeria Haasper

(valhaasper@yahoo.com)

© Keith Churchouse 2011

Keith Churchouse se declara no direito moral de ser identificado como o autor deste trabalho, em conformidade com a Lei de Direitos Autorais, Patentes e Design, do Reino Unido, de 1988.

ISBN 978-0-9573125-0-0

Informações e contatos adicionais podem ser encontrados em:

www.naggedtaggedandbagged.co.uk

Nenhum aconselhamento financeiro, de qualquer natureza, foi oferecido, ou pode ser considerado como fornecido ao longo do texto deste livro.

Nenhum aconselhamento jurídico, de qualquer natureza, foi oferecido, ou pode ser considerado como fornecido ao longo do texto deste livro.

Alguns nomes, títulos, sequências, lugares e datas foram alterados para garantir que esse trabalho retrate uma experiência pessoal e não de pessoas e de empresas. Qualquer semelhança é mera coincidência.

Este livro é também a expressão da opinião pessoal do autor.

Será feita uma doação para a Associação de Espinha Bífida e Hidrocefalia do Rio de Janeiro, para cada livro vendido.

As Terceiras Crônicas de Churchouse©

Primeira Edição

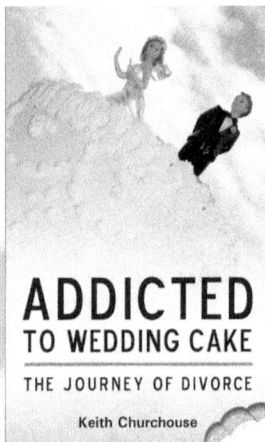

As Crônicas de Churchouse

Assine Aqui, Aqui e Aqui!... Jornada de um Consultor Financeiro

É o primeiro livro da série de Crônicas de Churchouse.

www.signherehereandhere.co.uk

Lançado em março de 2010; disponível nas formas impressa e digital.

ISBN: 978-0-9564325-0-6

Críticas Literárias:

«*... informações úteis e corajosas, transmitidas de uma forma divertida e ousada por um experiente e bem sucedido defensor da classe, com uma nova abordagem profissional*». **S. Williams**

«*Achei que o livro demonstra claramente ao leitor como operar com humor, confiança e, acima de tudo, honestidade*». **M. Drakeford**

Addicted to Wedding Cakes... The Journey of Divorce (Viciado em Bolos de Casamento... A Jornada de Um Divórcio) é o segundo livro da série de Crônicas de Churchouse, inédito no Brasil.

www.addictedtoweddingcake.co.uk

Lançado no Reino Unido em junho de 2010; disponível nas formas impressa e digital.

ISBN: 978-0-9564325-2-0

Críticas Literárias:

«*Seu estilo é fácil, informativo e leve. Cria uma atmosfera de compreensão com a quantidade certa de humor, que nunca deprecia nem debocha. Parabéns!*».**J. Walker**

«*O autor fornece informações úteis para este processo, as quais qualquer recém-chegado ao divórcio achará úteis e reconfortantes.*» **Louise G.**

A Vida após o divórcio. Começar de novo.

Agradecimentos

Esther Dadswell

O primeiro reconhecimento e agradecimento têm que ser para Esther, minha esposa, que me forneceu ajuda e experiência no processo de recolher informações para elaborar este texto. Sempre brinco que me transformei em seu escritor-fantasma e lhe agradeço pelo privilégio de compartilhar comigo suas experiências e palavras sábias.

Sem você, eu não poderia ter aproveitado da melhor parte na recuperação do meu divórcio e na minha jornada.

Amor sempre.

Meus pais, Rosamund e Roger Churchouse

Obrigado por continuarem me aturando, apesar de eu ter casado novamente!

Obrigado por permanecerem ao meu lado, quando, dilacerado, tentava juntar meus caquinhos, e por apoiarem a Esther na minha jornada de recuperação. Obrigado também por permitirem que eu tivesse tempo para me reencontrar e por terem me orientado para como recomeçar.

Vocês estavam certos: existe vida após o divórcio, apesar de eu não tê-lo percebido tão claramente naquele tempo. E a jornada tem sido excitante, para dizer o mínimo!

Para os participantes da minha pesquisa

Obrigado por dispensarem seu tempo e sabedoria, ajudando com suas próprias experiências na recuperação do divórcio. Suas contribuições foram mais do que valiosas e vocês sabem de quem falo.

Para as mãos orientadoras que me ajudaram com este livro

Meus agradecimentos para:

Meus livros assumiram uma vida muito mais diversificada do que alguma vez eu poderia ter imaginado graças ao cuidado, à atenção e à ajuda de minhas amigas brasileiras Rosana Chazan, Michelle Reicher e Valeria Haasper. «A minha equipe de tradutoras» desta gloriosa terra permitiu-me desenvolver a minha escrita numa abordagem internacional, e por isso sou muito grato. Estou ansioso por voltar a trabalhar com elas em todos os meus projetos futuros.

Graham Booth, *Creation Booth (Cabine de Criação)*: www.creationbooth.com;

Fiona Cowan, *Words That Work (Palavras que Funcionam)*:fifix@btopenworld.com;

Jo Parfitt, *Creative Mentor*(Mentor Criativo): www.joparfitt.com;

Tom Evans, *The Bookwright (O Artífice do Livro): www.thebookwright.com.*

Para minha amiga, Kim Finnis, profunda conhecedora do assunto

Agradeço a Kim Finnis, uma advogada especializada em divórcios, da mais alta competência, com escritório em Guildford, que lançou seu olhar experiente sobre o texto. Obrigado pela ajuda, apoio e consideração. Seu prefácio encontra-se na próxima seção.

Website de acompanhamento

www.naggedtaggedandbagged.co.uk

Conteúdo

Prefácios

Esther Dadswell

Foi minha a iniciativa de abandonar meu ex-marido, mas isto não ajudou em nada. Tampouco me impediu de questionar sobre as escolhas feitas, nem evitou as lágrimas ou que eu sentisse a consciência pesada devido ao meu egoísmo.

Tive uma infância encantada onde vivi uma riqueza de experiências, algumas das quais, até agora, ainda tenho de me beliscar para acreditar se realmente aconteceram. Aos 18 anos, elaborei uma lista de tudo o que desejava alcançar na vida; aos 35, todos esses desejos tinham se concretizado. Esta lista incluía um casamento, filhos, viver num bairro elegante, um Porsche na porta, um diploma universitário... todos conhecem esse tipo de lista. Casei com um homem bom, tive uma filha adorável, mas minha vida não estava completa. Faltava alguma coisa.

À medida que o tempo passava, a sensação a respeito da «parte que faltava» na minha vida se tornou mais aparente e o desejo de fazer mudanças cresceu.

Como descobri mais tarde, o elemento que faltava era a *excitação*. Tinha necessidade de fazer *diariamente alguma coisa que me amedrontasse*. Precisava sentir liberdade. Sei que muitos não vão entender como me sinto em liberdade agora, vivendo e trabalhando com meu atual marido, mas eu sinto. Tomo decisões e assumo escolhas diariamente, que afetam nossa vida em comum. Ainda sonho em ir às Galápagos ou à

Ilha de Páscoa, ou subir até o acampamento base do Everest. Estas são coisas que vamos conseguir juntos, e com o último destes objetivos, talvez levantar ainda mais recursos para a associação de caridade à qual nos dedicamos, a ASBHA (Associação de Espinha Bífida e Hidrocefalia).

No decorrer do meu desenvolvimento pessoal, aprendi a mergulhar e adquiri licença para pilotar lanchas — coisas que acho que não teria conseguido no primeiro casamento. Só depois de realizar meu primeiro «teste de mergulho», encontrei, dentro da água, a paz, sem telefones nem *e-mails*, sem chateação ou gritos, tendo como única preocupação enfrentar o Peixe-Picasso. Por essa sensação de paz, adoro mergulhar e tento fazê-lo sempre que a água está clara e quente.

O divórcio é um processo árduo e a recuperação pode ser ainda mais difícil. Restaurar a autoestima foi sempre uma viagem interessante. A escolha de sair partiu de mim, mas isso não impediu que eu me sentisse péssima por ter tomado esta decisão. Como é possível verificar mais adiante neste livro, na pesquisa feita por Keith, a partir de algumas respostas, não sou a única a me sentir assim. Na mesma pesquisa, é também possível constatar que eu tampouco estou sozinha ao perceber o resultado benéfico de fazer mudanças na vida.

Apesar de casada com Keith, mantive o sobrenome de solteira. Isto frustra alguns parentes, especialmente quando, no Natal, devolvo-lhes os cheques que me deram de presente, pelo fato de terem sido preenchidos com o meu nome errado, mas isso ainda me dá a sensação de independência. Não quis alterar meu nome quando me casei pela primeira vez, mas o fiz, já que isso era esperado. Desta vez dizia brincando que seria para poupar as despesas, especialmente pelo passado matrimonial um tanto duvidoso de Keith, mas, no fundo, sei que é meu vestígio de independência vindo à tona.

Sinto ter crescido tanto pessoalmente, quanto no meu relacionamento. Isto ampliou meus horizontes, por vezes como numa alucinante aventura. Houve alguns momentos escuros, mal-entendidos e muitas risadas. Olhando para trás, para o que foi realizado, eu faria tudo de novo? Existe apenas uma resposta e é um grande "SIM!".

Esther Dadswell é diretora da Churchouse Financial Planning Limited, casada com Keith Churchouse.

Kim Finnis

O divórcio exige uma mudança fundamental de vida. Para a maioria das pessoas, é um momento de considerável estresse e turbulência emocional, acrescido à ansiedade em relação ao que o futuro reserva.

Em *A Vida após o Divórcio. Começar de Novo*, Keith explora o processo de recuperação do divórcio, que descreve como uma jornada pessoal e única de aprendizado e compreensão.

A Vida após o Divórcio. Começar de Novo oferece, àqueles que já se divorciaram, um guia instigante para criar um futuro gratificante. Contém também dicas práticas, com exercícios e espaço para anotações. O livro assume uma abordagem sensível e esclarecida nas diversas questões que têm de ser resolvidas nesta jornada. O estilo de Keith é fácil de ler, e a partilha de suas experiências pessoais definitivamente torna este um livro essencial para aqueles que têm a intenção de reconstruir suas vidas após o divórcio.

Kim Finnis é advogada especializada em Direito de Família, jurista e mediadora em Guildford, Surrey.

www.kimfinnis.co.uk

Michelle Reicher

Atuando na área de Direito de Família há quase 20 anos, constatei que o divórcio, por mais positivo que seja o acordo obtido, gera momentos de absoluta incerteza quanto ao futuro. Muitas vezes, o cliente sente como se a sua vida tivesse acabado.

Recomendo o livro *A Vida após o Divórcio. Começar de Novo* para todos aqueles que estejam passando pelo difícil processo de recuperação do divórcio. O autor, ao compartilhar as suas próprias experiências, bem como as de outras pessoas com as quais conviveu, vai demonstrando que há vida, sim, após o divórcio e dá conselhos de como uma pessoa pode sair vitoriosa e mais forte após esse processo tão doloroso. O leitor, ao avançar pelos diversos capítulos nos quais aspectos legais, práticos, econômicos e emocionais foram considerados e devidamente adaptados à realidade brasileira, evolui pelas diversas fases deste período da vida e certamente vai beneficiar-se da leitura desse livro.

Michelle Reicher é advogada formada pela Universidade de São Paulo. É sócia do escritório especializado em Direito de Família e Sucessões, Imparato e Reicher Advocacia.

www.imparatoereicher.com.br

Introdução

Você é divorciado ou divorciada. Antes de continuar, gostaria de esclarecer que, por mera clareza e fluência, de agora em diante usarei o gênero feminino para me referir ao leitor e o masculino para me referir aos seus parceiros. Apesar de acreditar que este livro contém ensinamentos valiosos tanto para as mulheres quanto para os homens, tenho consciência de que a maioria dos meus leitores seja do sexo feminino. Continuando, não é sua a culpa de ser divorciada. Ou é? Os abismos que se abriram entre você e seu ex-marido estavam por acaso programados em seu DNA? Agora que a implicância para com o relacionamento acabou, possivelmente de bom grado, você assumiu o rótulo de *divorciada*, encaixotou todos seus pertences e está só. Será que realmente importa de quem foi a culpa?

Neste mundo moderno, vocês, como casal, podem ter levado vidas separadas, apenas dividindo a mesma cama, passando um pelo outro como «navios na noite» (alusão à música de Mat Kearney, *Like Ships in the Night*). Foi só quando a atenção se centralizou nas férias seguintes ou nos dez dias dedicados à família, na época de Natal, que a metafórica gota d'água fez o copo transbordar e seu casamento balançou.

Considera-se uma pessoa saudosista, chorando sobre o leite derramado, ou avançada, à espera de seu novo *eu*, revigorado e reinventado?

Estou certo de que a documentação emitida pela Justiça vai declarar quem se divorciou de quem e quais os pecados conjugais cometidos, pelo menos como requisito para fundamentar a petição inicial de divórcio. Não duvido de que vai se lembrar desses dias sombrios. Mas na realidade, quando um casamento atinge o fundo do poço, raramente pode-se dizer que só uma parte tenha sido responsável pelo fim do relacionamento. Se alguém disser isso, é possível que sua arrogância, se não ignorância, tenha sido a causa. Aliás, na nova Lei do Divórcio já não se discute se houve ou de quem foi a culpa pelo final do casamento.

Os momentos mais difíceis da separação podem ter sido as sessões de encaixotamento, quando se fez a mudança de casa, o que de certa forma é o único aspecto físico no processo de divórcio. Além de uma enxurrada de papelada legal e de uma diminuição no saldo da conta bancária, o encaixotamento e empacotamento de seus pertences pessoais podem ser emocionais. É provável que envolvam sua mudança e a de seu ex-marido, ou a venda da casa da família.

As discussões finais sobre quem possui o quê e a possibilidade de ser despejado sem aviso prévio ou qualquer comunicação podem ser resolvidas pelo seu ex-marido, *prestativamente,* ao colocar tudo o que ele considera «suas» coisas num guarda-móveis – selecionando esses itens com parcialidade – e depois dizer-lhe onde você pode buscá-los. Isso tem o potencial em fazê-la sentir-se piegas ou angustiada e, consequentemente, com vazios emocionais, outrora repletos de amor e companheirismo. Qualquer pessoa que estiver passando pelo processo de divórcio tem de estar pronta para isso.

Espero que agora, depois de ter passado pela separação total e pela mutilação legal gerada pelos dias de divórcio, você tenha tomado a acertada iniciativa de ler este livro, a fim de entrar numa nova vida, toda sua, por explorar. É preciso seguir em frente. Lembre-se: anualmente 240 000 almas se divorciam na Inglaterra e no País de Gales; já no Brasil, este número dobra, e todos estão no mesmo barco.

A vida é muito curta para desperdiçarmos revivendo o processo do divórcio. Em vez disso, é hora de aproveitar as oportunidades que só você deseja e mais ninguém.

Depois de ter me divorciado duas vezes e casado três, já deve ter percebido que estou casado novamente — e muito feliz — e que, na companhia da minha esposa Esther, reconstruímos nossas vidas e desabrochamos, desde a nossa última incursão pelas Varas de Família. Esther me ofereceu muito apoio na elaboração deste livro, juntamente com algumas outras pessoas importantes na minha vida. Muitas vezes eu me sinto como seu «escritor-fantasma». No entanto, você vai ver ao longo deste livro a equilibrada influência de Esther, enquanto começa a planejar a recuperação do seu próprio divórcio. Expus seus pensamentos muitas vezes neste texto. Mais uma vez, ofereço-lhe meu amor e gratidão, por suas palavras de sabedoria e experiência enquanto vivenciávamos o tempo de recuperação, restauração e construção de nosso futuro em comum.

Este gesto de agradecimento também aponta para o fato de que este é, de certa forma, um livro de autoajuda/autodesenvolvimento/motivacional. Minha preocupação com esse tipo de livro é que algumas pessoas, principalmente homens, vão achar a ideia de ler um livro assim uma perda de tempo. Para você, a recuperação pode ainda parecer um objetivo intangível — mas, mesmo assim ainda precisa ter seus objetivos para um novo futuro. Isso exigirá ação, mudança e energia de sua parte. Este texto se propõe a oferecer um caminho prático para sua recuperação, sem «panos quentes».

A maioria de nós não é saudosista, somos naturalmente voltados para o futuro. Esther é sem dúvida uma dessas pessoas, sendo um dos pensadores mais à frente do seu tempo que conheço; e eu também me considero assim (Esther pode discordar do meu julgamento aqui, devido à minha preferência por sucessos musicais do final dos anos 70, e começo dos 80). Ter um pensamento aberto e avançado é um dos principais fatores para o sucesso, na minha opinião.

Talvez você tenha de «levantar e sacudir a poeira» após a finalização de seu divórcio. Feito este trabalho, o caminho está livre para um novo começo.

A vida não acontece por acaso. Sua recuperação não é um ensaio geral. Sua vida e seu futuro começam aqui, e espero que esteja animada, se não inspirada, com esta perspectiva. Tenho certeza de que seu otimismo quanto ao futuro possa não ser avassalador no início da sua recuperação relativamente ao divórcio, devido ao acordo obtido; cabe a você superar seus sentimentos a respeito disso. Não há atalhos, quando se trata deste assunto.

Seguir em frente e recuperar-se, mesmo desabrochar, consumirão tempo, esforço e dinheiro. No meu primeiro livro, *Assine Aqui, Aqui e Aqui!...Jornada de um consultor financeiro,* referi-me às fases da vida, quando se atinge uma encruzilhada, ou *«Encruzilhada da Vida»* como eu as chamo. Você se senta num cruzamento e terá de decidir se quer ir para a esquerda, para a direita ou para a frente. Talvez não tenha optado por estar nesse cruzamento — a separação e o divórcio podem tê-la colocado lá de forma inesperada. Cada rota possível pode levá-la a uma direção completamente diferente. Como quando se está ao volante: permanecer num cruzamento para o resto da vida não é uma opção. Então para onde ir?

Qualquer estrada vai tirá-la de sua zona de conforto, e talvez este seja o motivo de sua hesitação. Alguém que esteja colado na traseira do seu carro pode buzinar para que você saia da frente. Uma decisão tem de ser tomada, e rapidamente. Sair de sua zona de conforto é sempre assustador: você descobre excentricidades que nunca soube existirem. É também emocionante. Talvez tenha de percorrer alguma distância razoável, por uma estrada, para descobrir que está no caminho errado. Tanto o GPS quanto a vida em geral podem fazer isso por você.

Você se reconhece nesse cenário. É apenas mais uma «*Encruzilhada da Vida*», com mais um conjunto de opções disponíveis. Sair da zona de conforto também vai lhe revelar como pode se sentir melhor consigo mesma.

Olharemos juntos para estes pontos — mas vou precisar de um compromisso de sua parte. Juntos precisaremos de desejo, *seu* desejo, para ser exato, de reinventar o «planeta você» no universo onde queira viver. Você poderia argumentar que esses pensamentos são todos sobre a autoconfiança e, até certo ponto, isso é verdade. Você já tem autoconfiança. Talvez seja apenas uma questão de redescobrir onde a deixou, se é que a perdeu? Talvez tenha conseguido se agarrar à própria confiança, nesse caso quanto mais tanto melhor. Assim como a personagem de comédia de ficção britânica, Austin Powers, poderia dizer: «*Você perdeu seu Mojo!*», ou melhor, você perdeu sua inspiração, seu gênio criativo.

Lembra-se de ser *você* antes de se casar? Essa *você* mais jovem, bonita, engraçada, em forma, intelectual, robusta, competente, possivelmente mais magra, humilde, tranquila? Seja lá o que foi, e, na realidade, ainda o é, você nunca se esquecerá dessa pessoa maravilhosa. Pode ter sido há algumas décadas, e desde então a conta corrente negativa pode ter ido para cima, enquanto a linha da cintura foi para baixo, mas muitos de nós éramos felizes então, antes de sermos pegos por relacionamentos, crianças, casas, prestações, taxas escolares e tudo o mais que quiser adicionar à lista de encargos da vida.

Não vamos nos alongar no passado, embora um olhar seletivo sobre qual o efeito causado na sua perspectiva e comportamento geralmente valha a pena — mesmo para afastá-la do que não se lhe adapte. Vamos redescobrir alguns dos melhores aspectos do que já teve, combinados à nova sabedoria iluminada e aos valores que a fizeram feliz e satisfeita consigo própria no passado. Acima de tudo, esta combinação deve gerar uma energia positiva em você.

Apesar de, no começo, ser difícil enfrentar o desconhecido, a perspectiva de recuperação deve enchê-la de entusiasmo enquanto todas essas mudanças terão um efeito positivo para transformar seu mundo num lugar brilhante.

Capítulo Um
Implicâncias, rótulos e sacolas...
A recuperação do divórcio

Ah! Como a vida pode mudar! Imagine a cena...

— Seu champanhe, senhora— disse George calmamente e com um sorriso, impecável em seu terno preto, de caimento perfeito, enquanto pousava uma flute alta e fina sobre a mesa brilhante, que vibrava suavemente, encaixada na parte traseira do jatinho.

Ela mal se movia, envolvida pela grande poltrona de couro creme enquanto observava melancolicamente pela janela o sol quente que brilhava, lá embaixo, sobre as últimas montanhas dos Alpes Franceses que ainda podiam ser avistadas.

—Tomei a liberdade de mandar buscar seu Rolls conversível, senhora. O tempo no Aeroporto de Nice está muito agradável hoje, e tanto a casa, como todos os empregados, estão à sua espera. O trânsito para Mônaco está razoavelmente leve, e fui informado de que sua mesa favorita está reservada para as oito e meia desta noite. Claudette ligou sugerindo que as vieiras estão no seu melhor. Devo ter o Rolls pronto ou a senhora prefere dirigir?

— Você pode dirigir o Rolls esta noite, obrigada, George — respondeu, desviando a atenção para um artigo na primeira página do *Financial Times*, o jornal cor-de-rosa dobrado à sua frente. Conferiu o jornal de forma breve, para confirmar as informações prestadas por George, antes de tomar um gole suave de sua flute.

— Amanhã, George, gostaria de sair com o iate. E, por favor, você poderia encontrar para mim algum lugar *agradável* para almoçar? Você sabe que *desastre* foi aquele restaurante do mês passado! Diga ao John para avançar em direção à Itália desta vez. No momento tenho vontade de navegar, por isso podemos continuar ao longo da costa — ordenou num tom suave, fazendo uma leve careta ao lembrar-se daquele último almoço.

Um gorjeio abafado soou no interior de sua bolsa Louis Vuitton amarela. Ela estendeu a mão em direção ao espesso tapete castanho-claro para recuperar o telefone celular de ouro enquanto verificava a mensagem.

— Ah! — sorriu entusiasmada — É Patrick! Ele vai se encontrar conosco amanhã. Excelente! Temos um convidado amanhã, George; assim, por favor, providencie que a equipe doméstica e John façam os preparativos necessários — ficou radiante com o pensamento de que esta temporada ao longo da Riviera Francesa acabara de se tornar um pouco mais interessante.

— Com certeza, senhora — foi a rápida resposta de George, acenando levemente para confirmar que compreendera as instruções.

– Oh! – e George, o que está batendo lá atrás? Que barulho terrível! – resmungou enquanto começava a se mexer desconfortavelmente na poltrona.

O ruído foi ficando cada vez mais alto enquanto, lentamente, e contra sua vontade, saía das profundezas de seu sonho e piscava, devido a uma faixa de luz laranja proveniente de um poste de iluminação, que transpassava as cortinas mal ajustadas. Um sorriso incomum se lhe estampou no rosto, uma emoção que não sentia já há algum tempo enquanto os olhos sonolentos tentavam focar o que havia em seu redor.

Não havia nem sombra da cabine forrada de couro do jatinho, e a chuva batia contra a pequena janela do único quarto do apartamento. Ainda era noite e, apesar da escuridão, percebeu com estranheza, ainda com os olhos semicerrados, que o insistente ruído que ouvia não era o toque do alarme programado para as seis horas, todos os dias. Ainda eram duas horas da manhã e se tratava, na verdade, do barulho crescendo do equipamento de som do apartamento vizinho enquanto *entretinham* quaisquer clientes, porventura apanhados na boate local.

Lembrando-se de que teria de trabalhar cedo, a sensação de naufrágio da realidade se materializou, e uma lágrima lhe escorreu devagar pelo rosto ao mesmo tempo que se aninhava sob o edredom para manter-se protegida do frio. Logo o ritmo da batida começou a acompanhar-lhe o latejar da cabeça, que doía levemente enquanto os olhos cansados se fechavam na tentativa frustrada de recuperar a champanhe e o sonho da Riviera. Logo o alarme indesejável latiu seu costumeiro toque matinal e a vida real a afastou do santuário parcial de seu sono interrompido.

A noite, da mesma forma que seu desagradável casamento, haviam terminado, e um novo dia e um reinício lhe acenavam.

Você já reparou em como os sonhos não costumam conter muitos aborrecimentos? E, se os contém, tendemos a acordar e interrompê-los. Infelizmente, na vida real, não conseguimos nos livrar do pesadelo de um divórcio recente — mas você pode orientar seu resultado. Como com os sonhos ruins, você pode optar por *acordar* e mudar de rumo. Como se sabe, na terra dos sonhos, tudo é possível.

Nenhum de nós quer insistir no passado e, neste livro, não vamos fazê-lo. Juntos, no entanto, refletiremos sobre sua influência, pontos de aprendizado e experiências que tanto nos manterão em boa posição, quanto nos fortalecerão a determinação. Não faz sentido chorar sobre o leite derramado ao pensar na dissolução de seu casamento. Como se sabe, todos nós temos «fantasmas escondidos no armário» quanto a isso e já estamos cansados das cobranças feitas pelo ex-titular.

É muito provável que a realidade da situação tenha sido pior do que qualquer pesadelo, especialmente no que se relaciona com o divórcio e a separação.

Ou, posso estar completamente errado quanto às suas circunstâncias. Você pode ver o divórcio como uma libertação antecipada do fiasco que foi seu casamento. O novo ambiente em que se encontra e o atual saldo bancário podem não ser o que eram antes, e espero que não seja acordada de madrugada com uma barulheira infernal, depois de ter sido rebaixada de sua casa para uma *quitinete* ou qualquer acomodação desse tipo.

Acredito, todavia, que seria negligência de minha parte iniciarmos esta jornada ou recuperação do divórcio, ansiando por um futuro mais brilhante sem ao menos demarcar um limite para seu novo ponto de partida. Para ajudá-la na sua recuperação, e olhando para seu futuro, encontrará ao longo do livro, 15 exercícios no total, que lhe permitirão anotar algumas observações importantes enquanto viaja em direção à sua recuperação. Há também páginas de notas no final de cada capítulo, para ajudá-la a acompanhar o progresso de seus pensamentos. Prevejo que estas lhe serão úteis no planejamento do seu futuro.

Sabemos que, em maior ou menor grau, muitos de nós tivemos *implicâncias* antes de nos divorciarmos, que o divórcio nos legou um *rótulo*, e que saímos da nossa vida anterior carregando *sacolas*: nossa bagagem emocional e física.

Alguma vez já parou para pensar no real significado das palavras em itálico no parágrafo anterior? Elas possuem um significado emocional diferente para cada um de nós, por isso você pode denominá-las à sua maneira. Pensei que poderia ser útil considerar as definições de cada palavra do título deste capitulo com a ajuda do Pequeno Dicionário da Língua Inglesa de Oxford.

Antes, porém, com a ajuda do Moderno Dicionário da Língua Portuguesa Michaelis apresentarei a definição, em português, somente da primeira palavra do título deste capítulo: não pensei que fossem necessárias explicações adicionais para as palavras seguintes do título, além das traduções dos significados em inglês.

Conhecer profundamente o significado destas palavras pode muito bem inseri-la no contexto de onde veio:

Implicância (verbo implicar)

Nesse contexto significa: implicar

1. Confundir o entendimento de; tornar perplexo, embaraçado;

2. Comprometer(-se), enrascar(-se), envolver(-se) nalgum enredo;

3. Contender, divergir, incompatibilizar-se;

4. Antipatizar, mostrar má disposição para com alguém;

5. Abominar, detestar, execrar, sentir horror a, ter aversão;

6. Causar aborrecimento a, desgostar;

7. Enfadar-se, enfastiar-se, entediar-se;

8. Zangar-se.

Implicância é o substantivo que mais se aproxima da primeira palavra do título em inglês deste capítulo: Nagged (verbo Nag), cujo verbete está traduzido a seguir:

Definição:«*(verbo) encontrar falhas (em) ou repreender persistentemente. (adjetivo) Implicante, persistente.*»

Talvez seja injusto afirmar que estas palavras soem familiares no final de um casamento. Para algumas pessoas, um divórcio pode cair subitamente como um raio e não, gradativamente durante certo período de insatisfação em relação ao relacionamento. As cáusticas farpas de sabedoria que uma vez lhe violaram os pensamentos podem ter terminado, devido à deterioração e ao fim do relacionamento. A separação pode ter sido motivada por uma infidelidade conjugal ou apenas por uma carta, comunicando a uma «Querida Maria» que acabou;

seu ex-marido pode ter levado todos os pertences dele e a abandonado sem aviso prévio, mencionando uma ou outra razão, afirmando que ambos estavam fartos, que você nunca lhe deu ouvidos, ou apenas que ele precisa se encontrar — possivelmente nos braços de outra pessoa.

Não é uma boa ideia reviver aqueles últimos dias, porque muitas vezes as feridas ainda estão abertas. Porém, se ainda estiver no início do divórcio, então recomendo que leia meu livro anterior, inédito no Brasil, Addicted to Wedding Cake... The Journey of Divorce (Viciado em Bolos de Casamento... A jornada de um divórcio), para ajudá-la a superar a situação.

Para aquelas pessoas que já estão na fase das «sacolas» do processo, por favor, ainda é cedo para se preocuparem com um final feliz. Observaremos de perto o processo e os aspectos positivos de uma recuperação nos capítulos mais adiante.

Rótulo é o substantivo que mais se aproxima da segunda palavra do título em inglês deste capítulo: Tagged (verbo Tag), cujo verbete está traduzido a seguir:

Definição:«*Rótulo para conectar, citação breve e, geralmente, banal, etc.***»**

Ao olhar para esta definição, fiquei fascinado por encontrar a palavra «banal» (em inglês, trite). A definição de «banal» é: batido, gasto, trivial, corriqueiro, comum. Quão adequada é esta definição no contexto do divórcio e na utilização do rótulo de divorciado ou divorciada! Na Inglaterra e no País de Gales, a cada ano, cerca de 240 000 indivíduos passam por um divórcio (Fonte: National Statistics, 2008). Já no Brasil, em 2010 houve 243 224 divórcios (ou 486 448 indivíduos divorciados). (Fonte IBGE 2010). Isso demonstra o quanto o divórcio é comum.

Além do mais, na Inglaterra e no País de Gales, o número anual referido no parágrafo anterior é inferior, se comparado com anos anteriores; confirma-se que você não está sozinha quanto ao estado civil de divorciada. A título de informação, o número de divórcios no Brasil vem aumentando. Com tantas pessoas divorciando-se a cada ano, é raro não nos encontrarmos regularmente com aqueles que já possuem o «rótulo» de divorciado.

Embora não sinta orgulho pelo fato de ter dois divórcios na minha ficha, tenho a certeza de que esta não é necessariamente uma marca negativa, nem sequer um reflexo negativo da minha personalidade. A vida não para depois de um divórcio. O que acontecerá daqui para frente é que vai determinar o verdadeiro resultado do episódio. E não se esqueça de que este foi apenas um episódio. Como a maioria das séries de televisão, outro episódio, ou capítulo, virá em breve, com mais dramas por se desenrolar.

Como foi sugerido na contracapa deste livro, o falecido Henry Ford, fundador da Ford Motor Company, teria afirmado que «O fracasso é simplesmente a oportunidade de começar de novo, desta vez, de uma forma mais inteligente». Recentemente, fiquei inspirado ao ouvir pela primeira vez este ditado, porque todo fracasso nos ensina alguma coisa, mesmo se esta lição não nos agradar. Estamos todos aprendendo o tempo todo, do berço ao túmulo. A forma como aplicamos essa nova sabedoria às circunstâncias pessoais ditará se alcançaremos o destino, a meta ou nosso objetivo pessoal.

Isso levanta a questão sobre qual é essa meta ou objetivo. Este é o primeiro passo para a recuperação do processo de divórcio. Seja qual for o objetivo escolhido, faça com que seja uma conquista positiva. Pense sobre isso no início do processo, porque não vai chegar lá se não souber para onde quer ir — como de fato você vai descobrir quando concluir sua jornada e alcançar seu objetivo.

Pode-se dizer que se trata de uma reinvenção da sua pessoa: seu novo eu, mais sábio, mais feliz, mais contente, mais elegante, que vai fazer com que você se realize no futuro.

Sacola é o substantivo que mais se aproxima da terceira palavra do título em inglês deste capítulo: Bagged (verbo bag), cujo verbete está traduzido a seguir:

Definição:«*Recipiente de material flexível com a abertura geralmente na parte superior. (Verbo) ensacar — colocado no saco, seguro.***»**

No contexto deste livro, e vendo tudo o que se relaciona com o divórcio, acho que a última palavra, «seguro», é a definição verdadeira. Muitas pessoas esperam proteger seus pertences depois de se divorciarem, embora geralmente haja discussões sobre quem é dono de um bem e por quê. A verdade é que a maioria das pessoas gostaria de fazer uma faxina na sua vida anterior e recomeçar uma nova. Você deveria pensar com cuidado antes de brigar por esse ou aquele item, por uma questão de princípio; assim como seu casamento, você pode descobrir que, quando finalmente o consegue, este não tem a mínima importância, afinal.

E o mais importante é considerar que você precisa garantir seu futuro. Trazer o entulho de sua vida anterior pode retardar o processo, ao reviver muitas lembranças e memórias do passado. Inevitavelmente haverá sempre coisas insubstituíveis, acumuladas durante um casamento, que permanecerão com você. Mas pense nisso a partir do seguinte ponto de vista: foi sua a decisão de adquirir o bem «X» ou «Y» durante o casamento ou foi uma decisão conjunta? Se estivesse só, você adquiriria este item? Mesmo que a resposta a esta pergunta seja «sim», se tiver em conta as novas circunstâncias e a atual situação, será que ainda o desejaria?

Se a resposta for «não», então o eBay, ou qualquer outro site de leilão, está a apenas alguns cliques de distância, e tenho certeza de que você poderia usufruir melhor do dinheiro que conseguisse com a venda deste bem.

Tenho uma parente cujo marido faleceu há pouco tempo. Sua morte não foi inteiramente inesperada e, depois do funeral, seus pertences foram embalados e encaixotados; uma pilha de caixas foi posta de lado. Havia um monte de objetos para serem guardados e utilizou-se um guarda-móveis para resolver o problema de armazenamento imediato. O tempo foi passando e a questão de organizar melhor o conteúdo das caixas, e possivelmente de se livrar de alguns objetos indesejados, estagnou. Creio que isto se deu, em parte, porque a viúva, estando a se recuperar bem da perda, não queira interromper o processo. Mas ela alimenta as memórias de seu falecido marido, e estas podem ser perturbadas ou interrompidas pelo ato de remexer itens pessoais, talvez já esquecidos. Passar por isso agora pode abrir essas feridas recém-cicatrizadas e derrotar os objetivos positivos.

As lembranças precisam ser tratadas com respeito, porque, para algumas pessoas, isso é tudo o que sempre desejaram ou tudo o que lhes resta.

As três primeiras palavras—Implicâncias, rótulos e sacolas — são as manchetes do título deste capítulo. Na versão original deste livro, estas palavras estão no tempo passado. Elas agora devem permanecer no passado para você.

Já a frase seguinte do título deste capítulo — A recuperação do divórcio — significa, entre outras coisas, uma jornada pessoal e única de aprendizado e compreensão; as definições de Jornada e de Recuperação podem ajudar a definir o cenário da nossa viagem ao longo da leitura deste livro.

A seguir apresento a definição destas duas palavras:

Jornada (em inglês: journey)

Definição: *«Distância percorrida; expedição de certa distância; volta de viagem.»*

Sua recuperação, como qualquer outra jornada, vai levar tempo. Talvez sua única certeza seja onde se encontra agora, mas pode não saber aonde quer chegar. Vamos analisar juntos seus objetivos pessoais para o futuro. Esses objetivos talvez precisem de uma redefinição em todos os aspectos da sua vida: amor, emprego, sua casa, qualquer coisa. Algumas pessoas comparam esta reflexão com uma viagem feita de carona, com todos os riscos que isso envolve.

A propósito, carona, conforme a ilustração da moça na capa subentende, se define como: ato de transportar ou ser transportado gratuitamente. Ao pedir carona, você pode saber vagamente que direção quer tomar, escolhendo uma estrada. Mas não sabe que veículo vai parar, quem estará ao volante e que motivações levaram esta pessoa a parar no acostamento da estrada. Sem nunca ter pedido ou oferecido carona, não posso fingir compreender esta experiência física. No entanto, usando esta analogia para a reconstrução de uma vida após um divórcio, minha mochila e eu temos viajado muito ao longo de estradas com as quais nunca sonhei, na companhia de pessoas que não conhecia.

Pode ser assustador, mas isto amplia sua experiência e oferece o potencial para a aventura. Sorte a sua, se tiver a perspectiva desse potencial; muitas pessoas não a têm e vivem lamentando-se da oportunidade perdida.

Recuperação (em inglês: recovery)

Definição: «*Readquirir a posse, uso ou controle de; reivindicar; conseguir restituição (de) ou compensação (por) através de processo legal; trazer de volta à vida, deixar de sentir efeitos de; restaurar.*»

Acho esta definição excelente e útil porque pode esclarecer o propósito da recuperação que é reivindicar, restaurar e ressuscitar seu futuro.

Embora este livro se concentre na recuperação após um divórcio ou separação, o mesmo processo de cura também pode ser aplicado no seguimento de outros tipos de luto. Utilizo a palavra luto porque acho necessário haver um período de reflexão e sofrimento após um divórcio, garantindo a conquista de uma base segura para se seguir em frente na nova vida. É como um período de dizer adeus ao velho, antes de estar pronto para acolher o novo. Isso pode ter suas dificuldades se seu ex-marido estiver buscando as crianças nas visitas estabelecidas, mas esta situação não deve afastá-la de seus objetivos.

Cabe a você decidir como será seu futuro.

Somos todos diferentes. O processo decisório do passado pode ter agora assumido um novo estilo, de arranjo egocêntrico ou, se você estiver com um novo parceiro, ter se transformado em processo decisório sobre seu futuro em comum. Este será o mesmo para todas as decisões que fizer no futuro: sobre o que vestir, comer, dirigir ou onde morar, mas também sobre seu dinheiro, trabalho e até mesmo suas férias.

Como se pode notar, talvez você tenha deixado de tomar decisões há muitos anos, devido a ex-maridos dominadores que efetivamente decidiam tudo, com ou sem sua aprovação. Assim, esta também é uma oportunidade excitante para se renovar.

Um bom exemplo deste processo de tomada de decisão é a questão do dinheiro. Na minha experiência, num casal, é em geral o homem quem assume o controle sobre as finanças da família durante um casamento, e todos os assuntos referentes ao dinheiro passam por sua máquina de decisão antes que a alocação dos recursos seja negociada. Em muitas ocasiões, ela só vê os resultados das decisões financeiras, como a redução do saldo do empréstimo da casa, os débitos do imposto de renda ou do cartão de crédito acumulando-se, e não vê qualquer evidência do processo inicial de reflexão.

Isto se deve em parte, porque alguns homens acreditam que o dinheiro é de seu domínio e não admitem interferências de ninguém, e em parte, porque algumas mulheres preferem que os homens administrem a parte contábil das finanças da família. Tenho certamente testemunhado as evidências disso através de meu trabalho como consultor financeiro.

Apesar disso, após o divórcio, muitas pessoas obtêm recursos através do processo, mas não têm nenhuma ideia de como usá-los em vantagem própria. Sendo um consultor financeiro experiente, tenho testemunhado esta situação com frequência em dois cenários: no divórcio e na morte de um cônjuge; em ambos, os efeitos sobre a questão das finanças domésticas são significativos.

Se você se encontrar numa destas situações, então trate de aceitar conselhos de alguém de confiança — e rapidamente. Fale com seu advogado, um membro da família ou um amigo e peça que lhe recomende um consultor financeiro independente. Ou se preferir, dependendo das circunstâncias, contrate um contador para ajudá-la a gerenciar seu dinheiro e finanças.

Um bom, e bem qualificado, consultor financeiro pode avaliar sua situação pessoal, olhar para suas expectativas futuras e sua necessidade de renda ou de capital (ou, em muitos casos, de ambos), e fornecer algumas recomendações sobre onde será melhor diversificar suas aplicações financeiras, geralmente utilizando os diversos benefícios fiscais disponíveis, para fazer seu dinheiro trabalhar por você. Qualquer relação que pressuponha dinheiro/consultoria deve ser baseada na confiança, tanto agora quanto no futuro; assim, informe-se desde o início sobre quais serão os custos para obter um aconselhamento que promova sua segurança atual. E o mais importante, questione-se, você pode trabalhar com este consultor? Se a resposta for «não», encontre outro profissional.

Do meu próprio ponto de vista, não é incomum o consultor financeiro sentir-se como um marido suplente para algumas clientes, assumindo o papel de tomador de decisão quanto ao dinheiro proveniente de um relacionamento anterior, que há muito expirou. Na minha opinião, nosso objetivo profissional é assumir uma abordagem holística sobre as finanças destas clientes e estou muito orgulhoso de ser capaz de ajudá-las em conformidade. Você encontrará mais reflexões sobre informações e planejamento, referentes a assuntos financeiros, no capítulo sétimo, «O dinheiro conta».

O passado acabou

Espero que, para você, o fim do passado tenha sido um alívio. Claro, você ainda tem alguma bagagem, tanto física quanto psicológica, que permanecerá com você por algum tempo. Mas o documento do divórcio e da separação está completo e agora o futuro é todo seu. Fantástico! Sua tela está em branco, pronta para recomeçar. Você não conseguirá muitas oportunidades como essa. Eu uso a palavra «oportunidade» corretamente, porque é perfeita: um novo começo, em que possa colorir sua própria tela em branco como quiser. É possível que evoque memórias de infância, para lembrar-se do quanto isso pode ser divertido.

O passado recente pode conter alguma amargura, por causa do processo de divórcio, e posso garantir que, com o passar do tempo, as lembranças destes acontecimentos vão diminuir — infelizmente acompanhadas de algumas das boas recordações também. Os acontecimentos jurídicos do passado recente deverão ser superados antes que você seja capaz de seguir adiante; o passado, porém, não deve ser totalmente esquecido, como você verá no próximo capítulo.

Você sabe onde esteve, de onde veio, o que funciona e o que não funciona para você, o que não deve mudar — como por exemplo, permanecer no trabalho e na habitação — e o que é seu para criar. Nessa altura do campeonato, espero que já tenha alguma ideia sobre o que fará com que se sinta realmente satisfeita consigo mesma. Se ainda não souber ou não tenha considerado, então, inicie este processo agora.

Atitude é tudo na maioria das coisas que fazemos. Disseram-me uma vez que na vida é preciso ter três coisas. São elas: Atitude, Atitude e Atitude, em qualquer circunstância.

Pode parecer conversa de vendedor, mas funciona. Embora você possa estar considerando que futuro deseja e explorando as muitas possibilidades, lembre-se de que esta pode ser sua única oportunidade para corrigir alguns erros e recolocar-se no caminho certo — naquele que sempre quis seguir. Converse com a família e amigos sobre ideias que você possa ter e comece a construir sua imagem.

Agarre esta oportunidade, pois é toda sua. Você só precisa descobrir o quê, ou quem você quer agarrar!

No final de cada capítulo, deixei um espaço para «Suas Anotações», para que pense a respeito da sua situação pessoal e talvez rabisque alguns pensamentos, enquanto progredimos juntos através do seu plano de recuperação do divórcio. Isso deve permitir que considere os pontos e objetivos que lhe sejam importantes, e começar a estruturar os planos e abordagem para sua nova vida.

Suas Anotações

Que mudanças espera realizar no início da sua recuperação do divórcio?

_____

_____

_____

_____

_____

_____

_____

_____

_____

_____

Qual é o maior obstáculo a enfrentar na sua recuperação?

_____

_____

_____

_____

_____

_____

_____

_____

A Vida após o divórcio. Começar de novo.

Capítulo Dois
Um olhar sobre o passado

Seus ingredientes

Espero que você não seja uma pessoa que se agarre ao passado, especialmente à época em que lhe ocorreu o divórcio. Porém, você é parte do passado e este faz parte de você. O passado é uma memória que se vai apagando e alterando ao longo do tempo, deixando-lhe apenas os momentos altos da sua vida a brilhar no céu noturno da mente. Como estes momentos altos podem vir carregados de emoção, é normalmente mais fácil encontrar essas memórias à noite, ao fecharmos os olhos, tentando adormecer.

Somos nada mais do que a soma das partes, trazidas até os dias atuais. O passado nos moldou sem ter em conta nossa vontade. Não me refiro à influência de um ex-marido ou parceiro, mas de onde você veio, quais foram suas experiências enquanto crescia, o que seus pais e a escola lhe ensinaram, sua educação, ética ou religião, seu trabalho, *hobbies*, crenças. Estes são os ingredientes da rica *sopa* que é você.

É provável que cada ingrediente tenha sido fornecido por um determinado episódio em sua vida, moldando-a antes de seguir para a fase seguinte. Sua vida é a própria evolução da sua história, que cresce, e cresce, ao longo do tempo. Como num episódio ou capítulo de alguma novela de televisão, você, como roteirista, pode incluir ou excluir pessoas, mudar os cenários e seguir com a história na direção que preferir — geralmente fazendo referência à ação ocorrida nos capítulos anteriores.

E como em qualquer novela, a experiência pessoal do passado, que inclui todos os sentimentos, os deslumbramentos, as lições, os sucessos e os fracassos, vai moldar-lhe a visão a respeito de tudo o que lhe acontecerá de agora em diante. Aqui, não tenho intenção de concentrar-me em particular no seu relacionamento anterior, embora seja um fator que aparecerá enquanto vagueia através das lembranças desta ou daquela década. Quero olhar para as diversas experiências de vida que experimentou durante sua jornada até os dias atuais.

Se não passou por todas as experiências, boas e más, é improvável que saiba o que deseja daqui para a frente. O valor desses pensamentos vai dar forma aos seus desejos enquanto aguarda o futuro.

De fato, algumas pessoas argumentam que a popularidade de sites como *Friends Reunited* (site britânico especializado em reunir amigos do passado) deva-se ao desejo de evocar nossos caminhos, e de reacender relacionamentos de tempos recordados como, de certa forma, melhores do que os do presente. Muitos relacionamentos novos (ou renovados) surgiram através de contatos com antigos namorados, que por sua vez também voltaram ao passado à procura de ligações perdidas. Talvez isto seja consequência da insatisfação em relação aos parceiros atuais, ou porque a Internet possibilite ver um relacionamento passado, que pode ter esfriado cedo demais, através de uma perspectiva diferente. Tal contato pode levantar a dúvida de que o casamento atual tenha sido um mau passo, podendo ter sido melhor esperar que o *amor perdido* voltasse à cena.

Na minha opinião, isso nos traz de volta à realidade da vida.

A menos que você seja a moça do jatinho do começo do livro, a vida pode ser uma rotina diária, com contas para pagar, exigências profissionais a serem satisfeitas e outras tantas tarefas. Ao reviver o passado, é fácil recordar os momentos altos que a façam sorrir, enquanto os compromissos da realidade da vida se dissipam em segundo plano. Não admira que o jardim pareça hoje mais florido do que realmente foi naquela época.

Com efeito, as oportunidades da vida lhe estão disponíveis agora. Transformar uma oportunidade em realidade deve ser um de seus desafios, objetivos e desejos. Cuidado, porém, com o que almejar!

Ao fazer pesquisas para escrever este livro, entrevistei algumas pessoas que declararam estar «efetivamente mortas», sem vida ou objetivos próprios no casamento anterior. Com frequência, suportaram muitos abalos emocionais, incluindo humilhação, raiva, autopiedade e depressão. Estas são experiências naturais para muitas pessoas que estejam vivendo numa situação de transição, gerada pelo divórcio. Suas vidas continuaram, embora não no formato desejado ou esperado. Na verdade, a dissolução da união foi o reinício de suas vidas, obviamente com muita sabedoria acumulada desta vez, dando às pessoas a chance de evoluir para se transformarem em quem por fim desejariam ser. O deleite dessa libertação era tangível, e esse novo sentimento de alegria encontrado na vida só poderia crescer.

Se não fui suficientemente convincente, uma pequena pesquisa no final deste capítulo pode persuadi-la a mudar de ideia.

No começo deste capítulo, disse que uma pessoa não é nada mais do que a soma dos ingredientes que a formaram. Cada pessoa terá experiências diferentes. Da próxima vez que se envolver com alguém, logo no início pergunte-lhe quais são seus *ingredientes* e como estes o moldaram para ser a pessoa que é hoje. Na pior das hipóteses, isso vai provocar uma conversa íntima — e lembre-se, você também terá de compartilhar *sua* história, enquanto desfruta a do outro.

Um encontro comigo

Já que estamos passando algum tempo juntos neste capítulo, pensei que poderia compartilhar exemplos de alguns dos meus próprios *ingredientes*, para dar-lhe um sabor de quem sou e dos ambientes que frequentei por várias décadas. Isso pode fazer com que algumas de suas lembranças venham à tona, e, ao reviver o passado, ajudá-la a descobrir os ingredientes que a moldaram, a fim de seguir em frente.

Nasci em Oxfordshire, no Reino Unido. Tenho uma vaga memória deste lugar, o que é compreensível, pois tinha cinco anos quando minha família se mudou para uma casa melhor, a 60 quilômetros dali, em Berkshire, deixando para trás a casa térrea, tipo bangalô, típica dos anos cinquenta. Depois nos mudamos para Surrey, a cerca de 100 quilômetros do meu lugar de origem. Minha história pessoal se caracterizou por uma sucessão de casas e esposas, que me trouxeram aos dias de hoje.

Minhas primeiras descobertas, todas elas, deram-se na cidade de Reading, no começo dos anos setenta, e ainda tenho uma afeição natural por esta região e pela época. Quando jovem, o mundo da década de 70 era um lugar maravilhoso. Nossa casa nova de então tinha um estilo «Néo Geométrico», típico dos anos setenta, com as paredes interiores cobertas por cansativos papéis de parede e pinturas psicodélicas. Este era o tempo de motos *Chopper Raleigh*, de John Travolta no *Tempo da Brilhantina* (*Grease*), dos jogos *Action Man*, dos brinquedos *Pula-pula*, do pudim *Angle Delight*, dos selos promocionais de vendas *Green Shield* e de ter sempre um lugar excitante para explorar.

Lá pelos anos oitenta, minha família se mudou para uma casa antiga, em Surrey, bem mais imponente do que a anterior, e meu mundo *descambou* para a era dos cabelos longos, de notas baixas, de passar raspando na escola, dos carros *Mini Metro*, dos fornos de micro-ondas, da música *pop* de George Michael e dos *Wham!*, além de um mundo mais próspero, sob os auspícios do governo Thatcher. Quanto aos estudos, ao terminar o ensino obrigatório (11.º ano), estudei durante dois anos em um Instituto de Ensino Especial (*Sixth Form*), por ter me destacado em Artes, para depois começar a trabalhar, tudo acompanhado por carícias adolescentes que evoluíam num estalar de dedos para relacionamentos enquanto assistíamos ao filme *A Manequim*. Era realmente um mundo diferente daquele que eu tinha vivenciado em meados dos anos setenta em Reading. O meu propósito era agarrar novas oportunidades, não importando em que formato aparecessem.

Pelos anos noventa, o mundo tinha começado a tornar-se num lugar menor, e mesmo mais emocionante, com o avanço da telefonia celular. Um acessório se tornara *obrigatório*: um tijolo grande e preto chamado celular; um *novo* Partido Trabalhista chegara ao poder, e a Internet decolou com um estrondo. Aos 21 anos, comprei minha casa própria em sociedade com meu irmão, e o lar paterno se tornou o destino dominical para conseguir uma refeição *decente* e ingerir algumas verduras, para combater quaisquer deficiências nutricionais, enquanto o pagamento das prestações da casa e as refeições *takeaway* se tornaram pesados encargos diários. Os benefícios recebidos e a sabedoria dos anos oitenta foram sendo substituídos por uma década de *Euro Trash* (programa de variedades, de grande audiência na televisão britânica) e de entretenimentos alternativos, como o filme *Toy Story*. Olhando em retrospectiva, temos a percepção tardia de que a idade da oportunidade foi nos escapando e se transformando numa dura realidade.

Na década seguinte, conhecida no Reino Unido como os «noughties» (neologismo derivado da palavra *nought*, que em inglês significa zero, nada), muitos de nós nos tornamos escravos dos telefones celulares. São desta década as vendas com objetivos mais exigentes, os financiamentos da casa própria e o casamento, enquanto todos nos tornamos vítimas de um bombardeio de informações, que chegavam até nós a qualquer momento do dia ou da noite, no escritório, em casa e até mesmo na praia. O mundo de magia ganhou vida com Harry Potter, e os horrores dos ataques terroristas, em Nova Iorque, e da Segunda Guerra do Golfo definiram um novo contexto em nossas vidas.

Quanto a mim, tinha de batalhar para conseguir promoções no trabalho e carros da empresa, pagar impostos disfarçados, prestar exames profissionais e viver sob pressão, pressão, pressão. Você conhece a sensação. A realidade da vida tinha chegado, trazendo com ela papeis de parede *Laura Ashley* e sofás em promoção, e o mundo de oportunidades tornava-se nada mais do que uma vaga lembrança. Os selos *Green Shield* foram substituídos por cartões de fidelidade *Nectar*, e os brinquedos *Pula-pula*, por computadores portáteis. Tivemos apenas um consolo: os cartões *Nectar* nunca nos deixavam aquele gosto repugnante na boca, quando os lambíamos para serem colados no álbum.

Se for do Reino Unido e não entendeu a frase anterior, aproveite a juventude!

Os relacionamentos se tornavam mais sérios e comprometidos, enquanto evoluíam para casamentos e, em alguns casos, para divórcios.

Pelas minhas notas nesta seção, é possível verificar alguns de meus ingredientes, bem como os fatores que os influenciaram e que, em parte, originaram minha fatura.

A vida costuma nos enviar a todos para diferentes jornadas, acompanhados por pessoas diferentes; e cada caminho e ambiente criarão um indivíduo único, que é o que diferencia cada um de nós dos outros. É importante sabermos quais são nossos ingredientes, como usá-los e de onde vieram, pois isso vai nos ajudar a olhar com segurança para o futuro.

Por onde quer que ande, e a cada ano que passa, você conhece novas pessoas e perde contato com outras. Elas entram na sua vida, e dela se afastam, algumas influenciando-lhe o futuro, e outras saindo antes que realmente consigam conhecê-las.

Não se esqueça das pessoas

É comum nos lembrarmos de pessoas com quem estivemos no passado e muitas vezes nos perguntarmos: — O que será que aconteceu com...? — Tenho a certeza de que conhece a sensação. Você sabe que não foi nada pessoal o fato de tê-los perdido ao longo do caminho, mas apenas uma consequência de certos acontecimentos que podem tê-los afastado, geográfica ou emocionalmente. Sente falta deles? Talvez tenha boas recordações dessa época, mas estas podem ser fruto de seus pensamentos. Quando o tempo começa a desvanecer, pode pregar-nos uma peça à memória. Isso não é novidade e vai continuar a acontecer enquanto vivermos. Mesmo suas grandes amizades atuais podem ser encaminhadas para seu banco de memória na próxima década. Esta pode ser a razão da popularidade de sites da Internet como Friends Reunited, Facebook e similares, que são capazes de recuperar contatos com razoável facilidade.

Indo mais longe, seu contato com pessoas do passado pode permitir uma perspectiva distanciada de onde está agora e do quão importante são as pessoas que fazem parte do seu atual cenário social e profissional. Espero que alguns dos seus atuais amigos estejam presentes em todas as décadas restantes de sua vida. Talvez alguns já tenham se afastado durante o processo de divórcio, enquanto outros... você gostaria que tivessem desaparecido.

Este processo permitirá que se concentre em quem é importante para você, e principalmente que entenda por que importam tanto. Além disso, aprender com as experiências do passado pode lhe possibilitar a criação duma estratégia para que, no futuro, continue na companhia das pessoas de quem gosta. Isto vai formar e moldar-lhe opiniões, reações e ações, quando olhar para o caminho da recuperação.

Um encontro com você

Este livro não é uma rua de mão única; agora é sua vez. A seguir, faça o primeiro exercício, onde vai considerar o que pensa a seu respeito e sobre o passado que a moldou. Conte a si mesma tudo sobre você. Onde nasceu? Por onde andou? Por que escolheu esses caminhos? O que seus pais faziam? Isso foi bom para você? Como foi a escola (e a universidade)? Quem foi seu primeiro namorado na infância? O que aconteceu?

Quem foi seu primeiro amor verdadeiro? Por que trabalha/ trabalhou nessa ou naquela empresa? Você aproveitou os anos sessenta/setenta/oitenta/noventa? Por quê? O que esses anos lhe ensinaram?

Exercício:

Conte-me sobre você:
Como se posiciona onde está e por quê?
O que é bom para você?
De qual década mais gostou e por quê?

Um espaço extra foi disponibilizado no final deste capítulo para suas anotações.

Espero que estas respostas deem origem a uma conversa interessante e a uma reflexão muito pessoal.

Após ter feito uma boa viagem através de suas lembranças, pode começar a olhar em frente no que diz respeito a futuras décadas.

Qual das décadas vem a seguir? De adolescente, dos 20 ou dos 30 anos? Cada uma será diferente e sofrerá mudanças radicais, como já foi considerado neste capítulo. Estas décadas passarão por mudanças significativas em relação às anteriores. O futuro deverá ser fascinante, e estou ansioso por vê-lo.

Para efeitos de memória, separe as diferentes experiências e aventuras de acordo com os lugares em que ocorreram e coloque cada um desses grupos em compartimentos. No meu caso, separo minhas experiências a partir do final dos anos sessenta até os dias atuais. Isso me permite visualizar onde, quando e com quem estava em determinada época. Além disso, consigo evocar mais recordações e avivar a memória. Este não é sempre o caso, mas o processo pode certamente funcionar. Tente você mesma.

Revendo o passado, alguns dos movimentos e mudanças realizados foram excelentes, e penso neles com muito carinho. Outras lembranças são mais obscuras: representam épocas das quais eu preferiria esquecer. No entanto, cada acontecimento é mantido num compartimento da minha mente, encaixotado no passado, permitindo-me que aprecie (ou não!) a lembrança — para depois recolocar este acontecimento na respectiva caixa, enquanto sigo em frente. Isto me dá liberdade para encontrar novas situações, que por sua vez serão também encaixotadas no futuro.

Estas fases da vida me permanecem à mente para meu próprio entendimento, e recebem alguma visita ocasional para mera recordação, nostalgia e contemplação. Tendo o benefício dessa sabedoria passada para ajudar a guiar-me nas decisões e direções futuras, é hora de seguir novamente em frente com meu futuro.

Equilíbrio da memória

Às vezes, a maioria das lembranças que as pessoas têm parece ser negativa. Não existe necessidade de ser assim. As recordações infelizes devem ser equilibradas em relação às felizes, mesmo se forem poucas. Felizmente, você ainda tem o futuro pela frente e algum controle sobre como reagirá ao que acontecer.

Se você se encontrar presa a recordações infelizes, então tente um exercício de equilíbrio. Para cada lembrança ruim que tiver, de forma consciente equilibre-a com uma boa. No começo pode ter dificuldade; não se preocupe se achar difícil encontrar o próprio equilíbrio. No entanto, ao lançar-se sobre o processo positivo/negativo, vai começar a equilibrar as suas memórias de forma natural, simplesmente *procurando* os aspectos positivos enquanto observa os negativos. Depois de algum tempo, acredito que começará a perceber seus pontos de vista e momentos altos sob uma perspectiva mais positiva.

Exercício

Liste aqui suas principais lembranças positivas:
Por que as considera positivas?
Liste aqui suas principais lembranças negativas:
Por que as considera negativas?
Você se lembra de onde, e com quem, estava quando essas lembranças ocorreram?

Um espaço extra foi disponibilizado no final deste capítulo para suas anotações.

Utilizei exemplos de movimentos geográficos, inseridos em períodos de uma década, para ilustrar como o passado pode mover-se em fases; mas isto pode ser aplicado em quaisquer circunstâncias. Isto pode ser sua própria progressão, ou a de seu filho, através de diferentes escolas, ou através de episódios de doença, de situações, de influências e, possivelmente, de problemas que a cercam, desde parentes, diferentes postos de trabalho e caminhos percorridos, até lugares onde esteve com parceiros diferentes ou com um ex-marido. Lembre-se de que as emoções humanas atingem seu auge em questões como o divórcio, mudanças de casa e de emprego.

Para onde isso vai levá-la?

Espero que tenha gostado desta viagem pessoal pela *estrada da memória*, permanecendo mais tempo nos campos dourados de felicidade, que já estavam se apagando, para avivá-los. Se irmãos ou amigos estiveram presentes num determinado ponto do passado, por vezes vale a pena compartilhar esta recordação com eles para conhecer-lhes as impressões e verificar se coincidem com as suas. As recordações que eles têm podem ser muito diferentes, e trocar lembranças muitas vezes pode melhorá-las, mesmo se estas já forem boas.

Outra maneira de rever o passado é voltar, após muitos anos, ao antigo refúgio onde passava férias. O traçado e a paisagem podem continuar iguais, mas é possível que a cor, as pessoas e a atmosfera tenham mudado tanto, que ficaram irreconhecíveis, alterando imensamente a percepção da sua memória. Como você, os locais se transformam com o tempo, e a paisagem onde se lembra de ter passeado toda contente, há tanto tempo, pode estilhaçar ou melhorar suas lembranças. Se tiver recordações agradáveis do passado, referentes a esse lugar, é pouco provável que esta nova situação a inspire hoje, como o fez um dia.

Apesar disso, retornando para o equilíbrio positivo e negativo da memória, muitas pessoas mantêm refúgios em vários lugares ao redor do globo e os usam para fugir de seus mundos de vez em quando — se o orçamento o permitir — para serem capazes de «dar um tempo» em suas vidas. Definir algum tempo só para *si mesma* vale sempre a pena. Um amigo meu viaja com regularidade a Dubai em busca de calor e de bem-estar. O lugar de Ester é Hong Kong, para onde vai sempre que aparece uma oportunidade, mas isso está normalmente sujeito a restrições de orçamento. Tendo lá estado com ela, posso entender seus benefícios. Outros preferem um lugar mais próximo de casa pois, após terem passado pelas *«Implicâncias, rótulos e sacolas»* relatadas no capítulo anterior, as finanças podem ditar isso. Esta será sempre uma escolha profundamente pessoal.

Nos exercícios anteriores, vimos quais ingredientes, positivos e negativos, tornaram-na em quem você é hoje, podendo fornecer alguma orientação sobre como estará no futuro.

Ao pensar a respeito dos pontos levantados neste capítulo, você já decidiu quais são os ingredientes, tanto positivos quanto negativos, que estão na mistura de pessoas, lugares e experiências da sua memória, que criaram a personalidade que agora é você? Já decidiu o que a formou? E — possivelmente o mais importante — você conhece a receita que a formou? Qual é o principal sabor desta mistura? A lista de possibilidades é interminável, com exemplos como forte, educada, saudável, calma, amável, calorosa, encantadora ou tímida. Todos nós somos uma mistura de várias características e estilos criados a partir de nossas experiências.

Liste seus pensamentos no próximo exercício.

Exercício

Liste aqui seus principais ingredientes, estilos e características:
Como suas experiências criaram os ingredientes que a compõem?
Qual é seu melhor ingrediente, e qual o que menos usa?
Qual deles gostaria de desenvolver mais?

Um espaço extra foi disponibilizado no final deste capítulo para suas anotações.

Espero que este exercício a tenha ajudado a pensar mais em si, e uma vez organizados seus *ingredientes*, deve começar a ter um gostinho a respeito do que gostaria que o futuro lhe reservasse. Se ainda estiver insegura em relação ao que a transformou naquilo que é hoje, então reveja o texto e os últimos exercícios feitos. Esta revisão de pensamentos e ideias de seu passado obviamente não significa que voltará direto à estaca zero para repetir o que passou. Pelo contrário, terá a vantagem de saber de onde veio, o que funcionou, o que é melhor para você e onde se sente mais à vontade. Isso pode lhe permitir livrar-se de repetições inúteis desta vez. Além disso, o passado deve dar-lhe confiança para o futuro. O que não quer dizer que a felicidade e a paz estejam garantidas daqui para a frente — mas é mais provável que esteja posicionada na direção certa para encontrar algo mais próximo do que esperava.

Espero que a reflexão sobre o passado a inspire para o futuro. Se estiver compartilhando com alguém pensamentos do passado, preste atenção às respostas dessa pessoa em relação às suas ideias. Da mesma forma, muitos dos mais sábios comentários também vêm de dentro de si mesma; você só tem de os ouvir.

Duas questões

Tendo alinhavado meus pensamentos e visões, do passado e do presente, no tecido deste texto, pensei que seria útil acrescentar um pouco de pesquisa particular ao contexto das minhas recordações e histórias nostálgicas.

Conversei com alguns amigos e contatos que passaram pelo processo de divórcio e continuam vivos, ainda respirando e bem vestidos. As pessoas sobrevivem e prosperam após o divórcio. Não é um mito, como se verá em breve.

Para simplificar as coisas, a cada um, fiz as mesmas perguntas. Os participantes estavam cientes de que eu estava escrevendo este livro e entenderam meus objetivos, embora, para obter seus sentimentos individuais, eu não tivesse oferecido nenhuma outra orientação além das perguntas. Para proteger sua identidade, mantive-lhes o anonimato — gostaria, no entanto, de aproveitar esta oportunidade para agradecer-lhes por compartilharem comigo seus pensamentos mais íntimos.

As perguntas foram as seguintes:

1. Pensando no seu divórcio, o que realmente mais o surpreendeu no processo?

2. Se houve um benefício principal em resultado do divórcio, qual foi?

Você já deve ter adivinhado que eu esperava uma resposta negativa e outra positiva (nessa ordem) para cada questão. Como eu estava errado!

Antes de prosseguir, seria interessante se você respondesse às mesmas perguntas para conhecer suas próprias respostas, antes de ler as que recebi. Tente... não vai demorar muito.

Exercício

> **O que realmente mais o surpreendeu no processo de seu divórcio?**
>
>
> **Qual foi o principal benefício resultante de seu divórcio?**

Um espaço extra foi disponibilizado no final deste capítulo para suas anotações.

Voltando às minhas perguntas...

1. Pensando no seu divórcio, o que realmente mais o surpreendeu no processo?

As respostas a essa pergunta foram as seguintes:

«*A curva íngreme de aprendizado [devido ao processo] foi incrível... Não esperava que durasse tanto tempo.*»

«*Descobrir que o problema no casamento era eu, não eles.*»

«*Foi quase como se eu estivesse de luto pela morte de um ente querido. Tanto assim que, a cada manhã, ao acordar, sentia-me doente. Isso continuou por pelo menos seis meses após o divórcio. Eu queria tanto este divórcio, sonhara com minha "liberdade" durante anos. Não era isto o que eu deveria sentir... nunca ninguém me avisou que isso aconteceria! Oh, meu Deus... será que cometi um erro?*»

«*Eu não esperava por vingança e maldade do outro lado. Foi uma grande surpresa.*»

«*Senti que o casamento roubou-me a verdadeira identidade. A luta para recuperar o nome de solteira e atualizar as contas bancárias, etc., foi um pesadelo. Os homens ignoram o que isto seja!*»

«*A maior surpresa, após o choque inicial e o tumulto emocional [de tomar a decisão do divórcio], foi de ter-me surpreendido com o quão simples e amigável foi todo o processo, apesar das crianças e do significativo patrimônio envolvidos. Isto se refere aos dois indivíduos envolvidos e não ao processo de divórcio em si*».

«*Como foi fácil o processo de divórcio!*»

É possível deduzir que as circunstâncias individuais de cada processo de divórcio, e sua passagem tranquila ou conturbada, criaram um resultado muito diferente, o que influenciou o ponto em que a recuperação pessoal do indivíduo começou. É interessante também reparar no estilo das várias citações. Sugiro que isso seja levado em consideração quando planejar seu caminho. Algumas pessoas podem achar seu próprio ponto de partida para a recuperação mais fácil do que o dos outros.

Passando à segunda pergunta, as respostas foram igualmente variadas:

2. Se houve um benefício principal em resultado do seu divórcio, qual foi?

As respostas recebidas foram as seguintes:

«*Descobri quem eu era e fui capaz de respirar novamente.*»

«*Houve uma sensação de alívio por tudo ter acabado. Surpreendentemente, esta sensação foi quase instantânea.*»

«*O divórcio me permitiu parar para pensar e avaliar o que era importante para mim, com o intuito de entender o que queria alcançar na vida e como gostaria de me ocupar.*»

«*A recuperação do meu amor-próprio e confiança, e sem querer soar como um terapeuta... reencontrei-me... exatamente o que esperei e sonhei por tanto tempo. Foi um erro? Certamente não!*»

«*O divórcio me aproximou muito mais de meus filhos, e agora passamos mais tempo de qualidade juntos.*»

«*Aprendi o que importava, em se tratando de bens materiais. Tal como outras pessoas que se aproximam da maturidade, pensei que a vida tinha a ver com a obtenção da casa própria, do carro, do equipamento bacana de cozinha e até mesmo dos presentes de casamento adequados. Quando dividimos tudo em dois, perdi as coisas que pensei que fossem minhas e que fossem importantes para mim, simplesmente para acabar com mais uma discussão; foi então que comecei a me sentir livre. Agora raramente me estresso em virtude de bens materiais; concentro-me muito mais nas pessoas. E não olho mais para trás, só para a frente. Se minha casa pegasse fogo amanhã, com tudo o que há nela, não me importaria.*»

«*Assim, o divórcio foi um presente de lucidez, e estou surpreendentemente grato por isso.*»

«*O divórcio me tornou mais seletivo quanto aos meus relacionamentos: antes eu raramente ficava sozinho por mais de duas semanas.*»

«*Gosto realmente de fazer minhas próprias escolhas agora.*»

«*Vou ficar com a casa!*» (Você pode imaginar que esta foi uma resposta masculina).

Sem exceção, todas as respostas foram instigantes, poderosas e claramente pessoais para cada entrevistado. Espero que sejam comparáveis aos seus pensamentos. Ficou evidente que os assuntos e as situações difíceis de outrora se tornaram então em águas passadas; conversar agora sobre seus efeitos passou a ser apenas uma discussão sobre um período na vida, que se transformara apenas numa lembrança.

Esta foi uma das partes mais agradáveis na elaboração deste livro. Você pode dizer, pelo nível das respostas, que não se trata de uma pesquisa extensa, mas oferece um sabor das visões honestas de outras pessoas sobre o ponto em que começaram sua jornada — e, em retrospectiva, qual o benefício que a recuperação desse divórcio trouxe.

É interessante notar que nenhum dos inquiridos considerou que não houvesse nenhum benefício decorrente da própria recuperação. Muito pelo contrário. Na maioria das vezes, não fui bem sucedido ao pedir-lhes que relatassem *o* principal benefício, e isso tem que ser um bom sinal. Para alguns, a lista de benefícios e oportunidades era interminável. Obrigado mais uma vez a essas pessoas por terem contribuído com suas experiências, que acrescentaram um grande valor e perspectiva a esta pesquisa.

Como se pode ver, algumas pessoas simplesmente precisam se encontrar. E o conseguiram logo após a separação.

Limpando o passado

O passado já acabou, só o futuro está disponível para você e para mim. Apesar disso, a capacidade de refletir sobre o passado, para resumir suas lições e as sublinhar, permite a cada um de nós avançar com maior confiança e amor-próprio.

Após o caos que se passou, para alguns, encontrar-se pode acontecer muito rapidamente, para outros, vai levar mais tempo. Como mencionado na introdução, encontrar-se é uma «Encruzilhada da Vida». Você sabe *onde* está, onde *esteve* e agora só precisa decidir para onde quer *ir*. Os cruzamentos à sua frente vão acenar-lhe: à esquerda, à direita ou em frente. Como as respostas dadas mostram, muitas das pessoas com quem falei saíram da zona de conforto para seguir adiante — não necessariamente por opção própria. Qualquer que seja a direção que tenham tomado — e lembre-se que foram decisões próprias —, nenhuma delas se decepcionou.

Se estiver nesta «Encruzilhada da Vida», siga com segurança. Sim, pode parecer assustador. A vida e o GPS já lhe ensinaram que é possível seguir um caminho errado. Mas esta experiência só vai lhe ensinar qual é o caminho certo.

Suas anotações

Liste as principais experiências, pessoas, lugares e pontos de aprendizado do passado:

_____

_____

_____

_____

_____

_____

_____

_____

_____

Quais são seus melhores ingredientes, e quais gostaria de melhorar?

_____

_____

_____

_____

_____

_____

_____

_____

_____

A Vida após o divórcio. Começar de novo.

Capítulo Três
Placas de sinalização

Não existe nenhuma fórmula mágica que possa acelerar a recuperação em relação ao divórcio.

Algumas pessoas têm sorte e sempre «se dão bem». Minha esposa, Esther, é uma delas. Minha sogra sugere que a filha possui nove vidas e sempre tira o melhor partido da crise que enfrenta, seja ela qual for. Alguma vez já reparou em como isto é uma constante para certas pessoas *sortudas*? Pode até parecer maçante dizer, mas é possível direcionar a própria sorte. Só precisamos saber como fazer.

Certa vez, um cliente «pão duro» comentou com um vendedor de bilhetes de loteria:

— Gostaria tanto de ganhar na loteria...

E obteve a seguinte resposta:

— Aumente suas chances de ganhar... compre um bilhete!

Como as linhas acima sugerem, *você tem de participar para ganhar* — e isto vale para tudo o que quiser alcançar na vida. Se quiser encontrar o amor, precisa ir à luta: começar a se sociabilizar, sair e namorar. Se quiser evoluir na carreira, precisa interagir com seus colegas ou se qualificar. Se quiser ser saudável e estar em forma, alimente-se melhor e faça mais exercícios. Conforme dito anteriormente, em nenhum desses casos utilizou-se uma fórmula mágica, apenas a energia concentrada nos objetivos desejados. É exatamente isto o que as pessoas *sortudas* fazem: planejam e se preparam.

Quão preparados precisamos estar? Onde é que esse planejamento se inicia e em que ponto termina?

Planejamento Futuro

Nos primeiros tempos após se libertarem de um casamento, muitas pessoas têm de lutar pela sobrevivência de uma forma quase selvagem, enquanto se acostumam às novas circunstâncias. Nesta fase, é comum não desejarem planejar o futuro — ou por não terem pressa, ou por ainda estarem se recuperando do divórcio ainda recente. Às vezes, esta reação compreensível deve-se tão somente ao fato de, depois de tudo por que passaram, não quererem se dar ao trabalho de fazer quaisquer planos. Afinal, tinham tudo estruturado antes da ruptura do casamento, e esta conquista da liberdade lhes fez muito bem.

Todavia, vale a pena preparar-se para planejar o futuro. Tenho a certeza de que possui alguma ideia do que poderá acontecer nos próximos meses e de onde estará. Possivelmente, este local já está definido pelo contrato de financiamento ou de locação da casa, a que esteja vinculada; os limites profissionais também podem influenciar a escolha do local de residência, assim como o tempo que considera aceitável para deslocar-se diariamente, de casa ao trabalho e vice-versa, se for o caso.

Neste capítulo, vou falar sobre o futuro no longo prazo, que abranja, digamos, os próximos cinco, dez, quinze anos, ou até os anos que lhe faltam para a aposentadoria, e mesmo depois dela. Lembra-se de alguns dos sonhos que costumava ter?

Embora o divórcio possa ter atrapalhado essas aspirações, tanto emocional quanto financeiramente, é possível reconstruir esta visão — a *sua* visão, para ser mais preciso — do que lhe aguarda no futuro.

Placas de sinalização emocionais

As placas de sinalização costumam indicar-lhe o caminho, mas nem sempre são fáceis de decifrar ou reconhecer. Estas placas podem ser de diferentes formatos. Pode ser uma placa de sinalização de tempo, de tal modo que, quando você a alcançar, vai desejar que algo especial aconteça. Ou ainda, podem lhe aparecer placas de sinalização emocionais, que indicam em que estágio se encontra no programa de recuperação.

Durante a fase de recuperação emocional, é possível que atravesse um caleidoscópio de emoções. Por estar num mundo em aparente queda livre, talvez sinta *depressão*, *obsessão* e *ansiedade* relativamente ao motivo do fracasso da relação anterior. Isto, por sua vez, pode fazer com que reflita no passado, podendo causar-lhe alguma *culpa*. Esta culpa pode então transformar-se em *lamento*. Você sabe que a relação anterior acabou e que tentar se desculpar talvez não seja adequado depois de tudo o que aconteceu; talvez seja melhor deixar o passado no passado. E, como benefício desta retrospectiva, você tem a oportunidade de aprender as lições que quaisquer erros possam ensinar-lhe, se realmente foram erros.

Outra experiência emocional comum é a *raiva*. Esta deve ser tratada com cuidado e, se necessário, controlada. É possível que esteja com raiva de seu ex-marido ou companheiro, ou ainda da nova, e talvez indesejada, situação em que se encontra. É possível que esteja num momento de solidão e até de amargura. Tentar vingar-se não vai funcionar, e a energia desperdiçada insistindo nisso deve ser canalizada para um futuro positivo. Ser educada para com seu ex-marido quanto aos assuntos referentes aos filhos que têm em comum será mais favorável para as crianças, tanto agora como quando crescerem, e, em troca, isso facilitará tanto sua vida quanto a deles. Você não deseja que as crianças se tornem moedas de troca numa batalha entre os pais.

Lembre-se de que, durante a vida de casada, viveu momentos bons *e* maus com seu ex-marido. Estas fases se repetirão na vida de solteira. Certifique-se de ter isto em mente no futuro.

Também é importante lembrar-se de que não é só você que está passando por esta experiência nova, e possivelmente única, em sua vida. Conhecer gente nova e desfrutar de novas companhias só exige o esforço de tomar a iniciativa de encontrá-los.

Passar por essas emoções pode levar à *frustração*. A frustração em si pode se transformar em desperdício de energia. Ela a induz a insistir no passado justamente no momento em que deseja, e deve se concentrar no caminho para libertar-se do seu velho *eu*. Você vai precisar de concentração, desejo e determinação para garantir que os aspectos positivos — e há aspectos positivos — despontem de todos esses sentimentos.

Placas de sinalização de tempo

As placas de sinalização de tempo podem ser o acompanhamento mais fácil e tangível do seu processo de recuperação do divórcio. Faça um mapeamento de seus projetos e marque num calendário onde, e quando, pretende alcançar seus objetivos. Compre um calendário que abranja vários anos, ou até mesmo crie um, se for necessário. Depois, assinale determinadas datas que sejam importantes pontos de referência e visualize onde pretende estar, quando estas chegarem. Para você, talvez isto signifique apenas sonhar. Faça a si mesma a seguinte pergunta: Se eu não puder ter sonhos e aspirações, o que mais poderei ter? Tanto a esperança quanto o desejo *começam* pelos sonhos. Não poderíamos viajar de avião hoje, se os Irmãos Wright e Santos Dumont não houvessem sonhado colocar as pessoas no céu. A sua última conversa telefônica só foi possível por causa dos sonhos, inovações e inspiração de Alexander Graham Bell.

Sempre penso que vale a pena pensar sobre um grande acontecimento futuro e perguntar onde desejaria estar quando este ocorrer. Poderia ser qualquer acontecimento, desde as Olimpíadas de 2020 até um aniversário importante, digamos, em 2025, ou mesmo o vestibular de alguém que hoje ainda é uma criança, como exemplos. Na prática, você pode usar todas estas datas como referência de onde deseja estar na sua evolução, como por exemplo, num *re-casamento* com uma nova família ou num novo emprego, eventualmente transferida para uma cidade diferente ou até no mesmo lugar, contente por estar solteira.

É possível usar este processo em qualquer objetivo de âmbito pessoal, desde atingir uma meta em relação ao peso após uma dieta, passando por um teste, até praticar bungee jump — fica a seu critério. Serão objetivos pessoais adaptados aos seus limites. Pense num evento que provavelmente assistirá no futuro, como a cerimônia de formatura de seu filho ou seu aniversário de 40/50/60 anos. Quando estiver na festa desfrutando o momento, desejaria que...— só você pode preencher esta lacuna.

Em seguida, a partir da data que marcou no futuro, regrida até os dias atuais de forma a visualizar no presente os passos necessários para dar o salto do trampolim, que lhe garanta a consecução dos objetivos.

Como costumo dizer, somos todos indivíduos levando vidas individuais, com desejos individuais. Portanto, cada alvo será pessoal para *você*. E se não atingi-lo, seria apropriado perguntar: Por que não? Será que a vontade de chegar ao destino, e talvez à paz interior, diminuíram? Se for o caso, você poderia argumentar que a culpa é só sua. Há quem pense que os objetivos iniciais se alteram com o tempo. Isso pode acontecer com a chegada de novas pessoas em nossas vidas, que abrem novas e inesperadas oportunidades muito além dos nossos sonhos mais delirantes.

Existem muitos nomes para este processo. Poderíamos chamá-lo de «planejamento futuro», ou de «sua salvação», ou como preferir.

Porém, antes de olhar para o futuro, deve ser capaz de saber quem você é agora e o que tem a oferecer para atingir seus objetivos.

Quem é você?

Quem é você? A pergunta pode parecer estranha, mas responda assim mesmo. É necessário conhecer a resposta, portanto espero que esta seja de seu agrado.

Destine um momento para pensar sobre esta questão e sobre a honestidade das respostas. Neste ponto, seria conveniente fazer o exercício ou usar a seção de notas no final deste capítulo para listar todas as suas virtudes, bem como um ou dois de seus defeitos, pois, como somos somente humanos, todos nós os temos.

- Em sua perspectiva, o copo está meio cheio ou meio vazio?

- Quanto às necessidades, você é exigente ou descontraída?

- Quanto às virtudes, você é gentil e extrovertida, arrojada e sociável ou, alternativamente, introvertida e difícil de relacionar-se?

Estes são apenas exemplos, não existem respostas certas ou erradas. Ao pensar sobre o assunto, vai perceber que esta lista poderia ser interminável. No entanto, se não conhece seu verdadeiro *eu*, é pouco provável que outra pessoa qualquer seja capaz de descobrir quem você é realmente.

Se sua resposta foi realista, como chegou a esta conclusão? Você se sente feliz e intimamente à vontade com a resposta dada? Agora que as circunstâncias de sua vida mudaram, esperemos que para melhor e, de preferência, com mais liberdade pessoal, a resposta dada corresponde às expectativas que tem para o futuro? Utilize o exercício a seguir para ajudá-la a organizar os seus pensamentos.

Exercício

Conte-me sobre suas virtudes e perspectivas:
Conte-me sobre suas limitações e pontos de crescimento:
Como chegou a estas respostas?
Estas respostas correspondem às expectativas para seu futuro?

Um espaço extra foi disponibilizado no final deste capítulo para suas anotações.

À medida que envelhecemos, deveríamos nos tornar mais sábios. É importante compreender como continuará evoluindo e crescendo no seu novo futuro — e espero —, um futuro melhorado. Tenho consciência de que *novo* e *melhor* soam como um anúncio de detergente para lavar a roupa, mas espero que, após o «ciclo de centrifugação» das emoções do divórcio pelos quais acabou de passar, saia de toda esta experiência aparentando, pensando e se sentindo melhor.

O que aprendeu com o processo de divórcio? Uma vez terminado, talvez seja difícil deixar de se imaginar como um demônio moderno, considerando todos os pecados conjugais que lhe foram supostamente atribuídos. Na realidade, este é apenas o *processo* de divórcio; você precisa se lembrar de suas virtudes também.

Para a maioria das pessoas, não é muito difícil perceber o que torna uma pessoa, de um modo geral, interessante, atraente, espirituosa e agradável no convívio. Se começar a lutar contra seu amor-próprio — o que seria compreensível depois de ter sido iluminada por holofotes de avaliação negativa —, então fale com seu melhor amigo ou um parente próximo sobre todas suas características, e acredite no que dizem. Nada de mentiras agora!

Como é evidente, deverá haver alguma honestidade nesta conversa. É necessário abordar o que é ótimo, o que funciona para você e também quais as áreas que, se possível, preferiria evitar (por exemplo, minha obstinação pode passar por teimosia).

Uma vez que conheça seus sucessos, virtudes e áreas a evitar, pense na perspectiva de usá-los em benefício próprio. Isto a levará a sentir-se mais completa e realizada consigo mesma.

Encontrando a paz interior

Acredito piamente que, se planejarmos o futuro utilizando quaisquer ativos pessoais, grandes ou pequenos, encontraremos nossa paz interior. A única pergunta é: o que considera *paz interior*?

Esta paz pode ser encontrada ao lado de um novo parceiro ou marido; ou pode ser simplesmente o prazer de estar consigo mesma. Estar sozinha não significa ser solitária; pode pressupor uma grande rede social através da qual desfruta de uma variedade de atividades e encontros, mas sem o peso da companhia de outra pessoa com quem tenha compromisso.

Exercício

Responda: o que é a paz interior?

Por que deu esta resposta?

Um espaço extra foi disponibilizado no final deste capítulo para suas anotações.

Algumas pessoas frequentam redes sociais como Bebo, MySpace, Facebook e Twitter para manter contato com amigos, além de localizar e contatar velhos conhecidos que possam ter caído no esquecimento ao longo dos anos. Há quem sugira que, na verdade, estes *websites* têm sido a causa de rupturas matrimoniais, e muitas pessoas os consideram uma ameaça por causa disso.

Iniciando novos relacionamentos

Antes de mais nada, não nos esqueçamos de que a vida de solteira pode ser muito divertida, e se isso lhe convier, continue assim.

Caso contrário, se estar solteira não combina com você, então precisa saber que é muito difícil acertar logo no primeiro encontro. É como estar de volta ao pátio do colégio brincando de «caça ao beijo» (jogo infantil em que as meninas perseguem os meninos que desejam beijar). Após conseguir o «beijo», ou seja lá o que estiver almejando na idade adulta, pode perceber que o objeto de sua perseguição não era o que esperava.

Não se esqueça de levar em conta que possivelmente passaram-se anos, senão décadas, desde a última vez que teve um encontro amoroso, e que o mundo mudou, assim como as regras de etiqueta social de tantos anos atrás. Há mais sobre o assunto de etiqueta posteriormente no livro.

A boa notícia é que, uma vez de volta ao jogo de sedução, em pouco tempo começará a mirar o que está realmente procurando. Nesta fase, o progresso pode ser uma questão de melhorar o *timing*, de identificar a pessoa certa ou de encontrar a paz interior que lhe dê confiança para recomeçar; só você saberá quais são os fatores-chave. Contudo, é fácil desanimar frente a alguns começos em falso, mas lembre-se de que é natural isso acontecer. Nesta fase, o progresso pode ser uma questão de melhorar o *timing*, ou de identificar a pessoa certa, ou de encontrar a paz interior para adquirir a confiança de recomeçar; só você saberá quais são os fatores-chave.

Relacionar-se é como andar de bicicleta: se um dia aprendeu, nunca se esquecerá; o que não significa que está a salvo de levar alguns tombos. E quanto maior for a velocidade, mais dolorosa será a queda.

Esther possui um enfoque diferente. Ela diz: *«você tem de beijar muitos sapos para encontrar um Príncipe... e cuidado com as rãs!»*.

Esther também sugere que velhos hábitos custam a morrer. Se você se irritava extremamente com seu antigo parceiro quando este deixava a tampa da privada levantada, ou começava o tubo da pasta de dente apertando-o no meio, ou ainda por ser ruidoso ao beber o café, então suas reações serão exatamente iguais, se qualquer novo parceiro repetir o mesmo comportamento. Contar ao novo parceiro o que realmente a incomoda pode ser um bom teste; se esses pontos forem simplesmente ignorados, talvez ele esteja lhe enviando uma mensagem negativa de forma inconsciente. Preste atenção!

Esses exemplos podem parecer queixas mesquinhas; mas meros pormenores, quando somados, podem crescer e transformar-se em grandes problemas. Certifique-se de levar isso em consideração, se estiver à procura de um parceiro adequado para o futuro. Estes seus padrões de relacionamento irão orientá-la para ser capaz de identificar se alguém mais pode mantê-los, sejam altos ou baixos.

Vamos passar às questões maiores e mais importantes. Supondo que já começou a sair com pessoas novas, sabe o que está procurando?

Considera as pessoas com quem esteja saindo o oposto de seu ex-marido ou parceiro? Será que uma reação quase alérgica a leva para a direção oposta de onde já esteve? É preciso entender o que lhe *agradava* na relação anterior, bem como o que fez com que saísse ou rompesse no final. Talvez esteja apenas investigando suas opções com a mente aberta para as possibilidades, o que é ótimo, mas tenha a certeza de que sabe para onde está se dirigindo e de que se sente à vontade em relação à direção tomada.

Retornando mais uma vez à contracapa deste livro, onde a citação de Henry Ford sugere que os erros são positivos, pois permitem que se recomece, não se esqueça: você pode não acertar de primeira. Se, no início, for muito específica quanto ao que deseja num futuro parceiro, para ter certeza de não errar de novo, isso pode ter vários significados. Em primeiro lugar, pode haver uma boa razão para você ter abandonado seu marido ou ter sido abandonada. Em segundo lugar, você precisa recuar e relaxar um pouco, a fim de estar pronta para explorar novos horizontes.

Pode ter a certeza de que seu ex-marido estará passando pelo mesmo processo e, como você, também pode cair nos primeiros obstáculos.

Namoro pela Internet

Como, durante a elaboração deste livro, utilizei recursos de informática para verificar alguns dados pela Internet, pode-se dizer que não sou «tecnófobo», se bem que Esther possa afirmar o contrário. Como é o caso de muitas pessoas, quando comecei a namorar, a Internet estava em sua infância; portanto, usá-la como uma ferramenta para encontrar amor e companheirismo é um conceito estranho para mim. Apesar disso, o mundo continua mudando, e as redes sociais têm se tornado, para muitas pessoas, a regra para a interação social. Então significa isto a morte da interação pessoal? Claro que não. Acredito que as redes sejam um gerador de oportunidades complementar, não um substituto.

Julgo que saiba que há vários *sites* a oferecerem serviços para apresentar/introduzir pessoas: diferindo nos preços, nos processos e nas oportunidades oferecidas. Se pretender utilizar estes serviços, faça algumas comparações antes de se comprometer. Certifique-se de que o serviço que estiver comprando se adapte às suas necessidades e ao seu orçamento. Se escolher mal, pode acabar à procura de um relacionamento amoroso num *site* de acompanhantes profissionais!

Além disso, existem agora na Internet muitos *sites* de relacionamento, que lhe permitem comparar e contrastar a compatibilidade com outros indivíduos, conhecer e comunicar-se *on-line* e, se for o caso, marcar finalmente um encontro. Nesse encontro, poderá verificar seu conhecimento em relação à outra pessoa, optando por prosseguir com a relação ou dizer-lhe adeus educadamente e seguir em frente. Tenho ouvido falar de muitas uniões e casamentos bem sucedidos, cujos casais usaram este método; aliás, é cada vez maior o número de pessoas que recorrem a este processo, que já se tornou uma rotina, ao invés de uma excentricidade. Recordo-me do ditado: «*O barato sai caro*».Lembre-se disso ao aceitar os serviços de algum *website* que pretenda utilizar.

Algumas pessoas são liberais quanto aos requisitos que procuram num parceiro; estão abertas a muitas oportunidades e aventuras para depois descobrirem ou se lembrarem do que lhes agrada ou não. Isso é positivo. Outras são altamente específicas e chegam inclusive a detalhar as qualificações acadêmicas mínimas necessárias, mesmo apenas para passar o tempo. Somos todos diferentes.

Estes *websites* (e não se esqueça que são geralmente empresas visando lucros), quer os aprove ou não, farão você pensar sobre o que tem a oferecer e o que está procurando. Quanto mais específica for, menor a possibilidade de se decepcionar. No entanto, como diz o velho ditado, «*Cuidado com o que deseja, pois pode se tornar realidade!*»,o que às vezes pode não ser tão bom.

Segurança

Em geral, os *sites* de relacionamento proporcionam boas oportunidades para sair e conhecer pessoas com quem temos afinidades. Muitos encontram novos parceiros desta forma. Todavia, como em qualquer encontro às cegas, tenha sempre sua segurança pessoal em mente e se certifique de que alguém mais saiba com quem está se encontrando, e onde. Isso pode fazer com que se sinta criança novamente, dizendo à Mamãe ou ao Papai com quem vai sair — embora suas armas sejam diferentes desta vez —, mesmo assim esta é uma precaução sensata.

Por precaução adicional, certifique-se de que o primeiro encontro seja num espaço público e neutro. Se possível, faça com que não aconteça nas proximidades de casa, pois assim, se algo der errado, será menos provável topar com essa pessoa outra vez.

Por fim, e ainda desempenhando meu papel de «pai preocupado» neste livro, se espera ter relações sexuais no primeiro encontro, não se esqueça de levar um preservativo. Vou explicar este assunto com mais detalhes no capítulo intitulado *Saúde e bem-estar*. Você vai aprender que não existe limite de idade para as doenças sexualmente transmissíveis (DST).

Intromissões amigáveis

Aqueles que a amam e se preocupam com você terão dificuldade em esconder a curiosidade quanto à *pessoa especial* que apareceu em sua vida. Eles vão querer saber tudo sobre ela antes de encontrá-la e, assim que a conhecerem, vão repetir o interrogatório. Mesmo que tenham sido eles a servirem de canal, permitindo que vocês dois se encontrassem, talvez desconheçam os detalhes sobre esta pessoa.

Considere dar um tempo antes de apresentá-lo a amigos e familiares, para ter certeza de querer esse relacionamento, cujo amor está desabrochando, antes que alguém tenha a chance de se intrometer; isto é especialmente verdadeiro em relação aos seus filhos. É, de certa forma, fácil para qualquer pessoa «jogar» um charme nos primeiros encontros, e com o tempo você descobrir que ela não passa de um pesadelo completo. Você não gostaria de fazer seus filhos passarem pelo estresse de conhecer uma série de potenciais pretendentes antes de convencer-se de que o relacionamento está realmente funcionando; senão, seria injusto para todos os envolvidos.

Os amigos podem pressioná-la a se encontrarem ou saírem com vocês — e esta pode ser uma boa jogada no estágio adequado da relação. É, sem dúvida, uma boa maneira de obter uma segunda opinião, se quiser uma, especialmente se espera que sejam grandes amigos depois.

É claro que esta situação vale também para *você*, quando estiver pronta para se encontrar com os amigos e a família de *seu* novo parceiro. Se ele tiver filhos, isto implica que você precisa entender que vai assumir mais de uma pessoa; da mesma forma, este pode ser o caso de sua própria família.

Seus amigos estão condenados

Assim como reparou em como o divórcio custou-lhe um número considerável de amigos, já que os menos próximos desapareceram simplesmente, apaixonar-se outra vez pode ter o mesmo efeito.

Você pode pensar que se trata apenas da minha experiência pessoal e que não vai acontecer com você. No entanto, um estudo publicado por pesquisadores da Universidade de Oxford, em 2010, sugere que apaixonar-se envolve o custo da perda de dois amigos próximos.

Robin Dunbar, professor de Antropologia Evolucionária da Universidade de Oxford, tendo estudado 540 participantes maiores de 18 anos, sugere que uma nova relação leva a uma diminuição da nossa rede de apoio. Em geral, quando um novo amor aparece em nossa vida, isto implica na perda de um membro da família e de um amigo. Ele afirma que: « *A intimidade de um relacionamento — seu envolvimento emocional em relação a este — está fortemente relacionada com a frequência de suas interações com esses indivíduos.*»

A pergunta mencionada no último capítulo, «*O que aconteceu com...?*», começa a soar verdadeira e faz você perceber que aqueles que estão ao seu redor neste momento, seus amigos próximos, podem não mais estar por perto no futuro, simplesmente por você encontrar um novo amor.

Então, se alguns de seus amigos parecem ficar com um pé atrás quando um novo amor entra em cena, não é nada pessoal, apenas uma consequência natural.

Dê um tempo antes de apresentar seus amigos e familiares ao novo parceiro; espero que ele faça o mesmo. Você não vai gostar que seus filhos perguntem «*É este o nosso novo Papai?*» cada vez que for vista com uma pessoa diferente.

O sucesso está bem próximo

Não é preciso ser um gênio para perceber que planejar o futuro, definir onde deseja estar e conhecer potenciais novos parceiros resultará em alguns erros pelo caminho. Errar, de certa forma, faz parte da excitação do processo. Por favor, não se martirize se uma relação promissora entrar em colapso de repente, e a embriaguez do amor for reduzida a nada durante um telefonema ou um cafezinho.

É bem possível que tenha fracassado em acertar num alvo emocional que você mesma definiu. Todos os aspectos da vida são assim. Se isso acontecer, nesse caso aprenda o que deu certo e o que deu errado com a experiência. Adicione esses dados no seu arsenal de sabedoria emocional e siga em frente. Estender-se nos erros só vai retardar o progresso; ao invés disso, é mais produtivo recordar os bons momentos que viveu.

Eventualmente, você vai acertar. É provável que o sucesso esteja bem próximo — ou talvez você tenha de procurá-lo primeiro num local mais distante até chegar à posição e lugar certos.

Suas Anotações

Considere aqui seus planos, objetivos e *timing* em relação às aspirações que tem para o futuro:

_____

_____

_____

_____

_____

_____

Como vai reconhecer as *«Placas de sinalização»* e as *«Encruzilhadas da Vida»* que vão guiá-la?

_____

_____

_____

_____

_____

_____

Como vai reconhecer o sucesso?

_____

_____

_____

_____

_____

_____

_____

A Vida após o divórcio. Começar de novo.

Capítulo Quatro
Estresse

Você está livre das algemas do último relacionamento e agora tem todo o tempo à sua disposição. É verdade que possivelmente tenha menos dinheiro do que quando começou, e que os únicos beneficiados de todo o processo de divórcio pareçam ter sido os advogados envolvidos. Mesmo assim, está agora do outro lado do túnel — esperemos, bem mais ajuizada. Um novo começo lhe acena.

Façamos uma lista dos bens de que necessita. Provavelmente já tenha um teto — mesmo podendo não ser aquele que gostaria. Possui algum dinheiro na conta bancária e um pouco na carteira. É saudável e anseia recomeçar a vida, sair e explorar.

Embora não o perceba, devido à corrida frenética em que se encontra na tentativa de resolver sua vida, dos bens mencionados o mais importante para o futuro é, de fato, a saúde. Sem ela, todos os sonhos e expectativas que tenha para o futuro podem ser aniquilados.

Vivendo nas sombras

Resolvidas todas as questões referentes ao divórcio, por um período pode preferir ficar quieta, «na sua», para recuperar o fôlego e ter algum tempo de qualidade só seu. Acho que isso vale muito a pena, mesmo se ficar fora de circulação, afastando-se dos amigos e parentes por um tempo. Você não está sendo antissocial: apenas aguardando a hora certa para se relançar. Depende de você como e quando o conseguirá.

Esse afastamento talvez se deva a uma baixa no amor-próprio, combinada à reação ao fracasso do relacionamento e à preocupação com a opinião dos outros após a conclusão do divórcio. Este comportamento é compreensível e natural — no entanto, procure não se deixar afundar. Excesso de autopiedade não vai levá-la a lugar nenhum.

Este isolamento pode valer a pena, mas algumas pessoas o fazem por tanto tempo, que perdem a habilidade de voltar à circulação.

Alguns amigos vão tentar convencê-la a sair de sua concha. Até certo ponto, isso é louvável.

É preciso ter a consciência de estar vivendo na sombra do seu *eu* anterior, e que essa pessoa — que você já foi um dia — não existe mais há muito tempo. Estamos começando a estabelecer o que é esse *novo eu*.

Quanto a mim, lembro-me de ter ficado quieto por um tempo, «na minha», devido às limitações do meu orçamento: este também deve ser um fator importante para muitos. Meu orçamento era primorosamente equilibrado: conseguia pagar as passagens de trem, o aluguel, os custos com a alimentação, juntamente com outros compromissos; se conseguisse espremer as despesas e comprar uma garrafa de vinho na loja de conveniências da esquina, considerava-me um vencedor. Contudo, esta austeridade recém-adquirida teve seu lado positivo, pois fez com que voltasse a me concentrar no que era importante para mim.

Como será repetido mais tarde neste livro, é possível recuperar o dinheiro, mas não o tempo. Assim, se encontrar-se numa situação em que tenha de restringir a vida social devido a um orçamento apertado, considere isso como uma suspensão temporária do conforto material, ao invés de assumir... «*é assim que vai ser para o resto da vida*». Você *não* está condenada. Esta experiência simplesmente faz parte do processo, e assim que a poeira baixar ainda mais, será capaz de seguir em frente outra vez.

Devo adicionar uma palavra de cautela às notas do parágrafo anterior: não espere tempo demais para se relançar.

Discipline-se: planeje sair pelo menos uma vez por semana — ou, se por natureza for menos gregária, uma vez por mês — para manter presente a ideia de que há uma vida lá fora, apenas à sua espera para ser agarrada.

Convenhamos, o divórcio que acabou de enfrentar pode ter sido a experiência mais estressante que já vivenciou. O efeito colateral, adverso e onipresente, deste divórcio (a mudança de casa, a troca de emprego, a renegociação de suas finanças) causaram-lhe danos ao bem-estar. Esta combinação de fatores tem sido estudada, e o estresse decorrente de «eventos da vida» pode ser um fator coadjuvante para o aparecimento de doenças.

A saúde e o bem-estar geral são vitais para poder desenvolver-se e planejar. Portanto, não subestime os efeitos resultantes da experiência pela qual passou.

Os testes de estresse

A psicologia do estresse, e seus efeitos sobre a saúde, é um assunto importante e tem sido estudado e documentado. Como um bom exemplo, há um estudo, realizado nos Estados

Unidos, chamado *Escala de Estresse Holmes & Rahe* (que, para os acadêmicos, também é conhecida como a *Escala de Reajustamento da Classificação Social* ou *SRRS* — a sigla em inglês). Este estudo apresenta, numa escala relativa, nada menos de 43 eventos da vida estressantes que podem contribuir para o aparecimento de doenças.

Num estudo realizado com mais de 5000 pessoas, em 1967, *Holmes & Rahe* concluíram que, para os adultos, os três eventos da vida a obterem os primeiros lugares na classificação foram:

- A morte de um parceiro;

- O divórcio;

- A separação conjugal.

Aos adultos, uma pontuação de estresse foi atribuída a cada um dos diversos eventos de vida e estes, que podem vir numa variada gama de situações, tais como o Natal, a gravidez e a aposentadoria, podendo ser combinados para dar a um indivíduo uma pontuação global.

Adicionando a estes os próprios eventos de vida pessoais, cria-se uma pontuação geral: quanto maior a pontuação na escala, maior o risco à saúde. Usando a escala prevista, se marcar mais de 300 pontos, significa que você está «sob risco de doença». Uma pontuação abaixo de 150 sugere que seu risco é baixo.

Usando a escala fornecida pelo estudo, vamos supor que: ao divorciar-se, você tem de assumir maiores despesas com a habitação, o que poderá ocasionar uma mudança nas suas condições de vida em virtude da redução de recursos financeiros, e ainda na mesma época surgem também problemas no trabalho. Nesta situação hipotética, sua contagem poderia superar os 150 pontos, o que significa, de acordo com o estudo, que enfrentaria um risco aumentado de doença.

«A doença» pode aparecer de várias formas: de dores de cabeça à perda ou ganho de peso; de uma perda de capacidade em organizar-se a problemas de pele, ou até mesmo um ataque cardíaco. A lista é interminável e pode ser potencialmente fatal. Durante seu programa de desenvolvimento, procure olhar para si mesma e para a situação que vivencia, a fim de verificar mudanças emocionais e físicas significativas que possam ocorrer.

Alguns desses 43 eventos da vida são mais inevitáveis do que outros, como o Natal, que acontece todo santo ano. Outros podem ser moderados ou compreendidos antecipadamente, para assegurar que seus efeitos estejam sob controle tanto quanto possível.

É interessante notar que, apesar de prever todos estes eventos para demonstrar o potencial de doença, a escala não cobre as possíveis angústias do dia-a-dia, sentidas pelas pessoas que passam por essa mudança.

Novamente, isso precisa ser entendido desde o início.

A consciência da mudança só vai ocorrer quando estiver passando por um divórcio. Mas muitas pessoas — inclusive eu — argumentariam que a mudança traz oportunidades, que por sua vez podem criar a capacidade para a construção de um novo modelo de vida. Espero que se sinta atraída pelo seu «novo eu».

Se pudesse mudar tudo, o faria? O que mudaria? Mudaria seu trabalho, local de origem, religião, roupas, círculo social, *hobbies*, carro ou simplesmente *tudo*?

Algumas pessoas se limitam a passar uma borracha em tudo, para recomeçar. Não há nada errado com isso, se funcionar. Se fizesse mudanças radicais, em que ordem as faria? Qual seria a maior prioridade, e qual a menor? Tente listar seu plano de mudanças no espaço a seguir ou na seção de anotações no final deste capítulo.

Terá de ser honesta consigo mesma, já que muitas pessoas são criaturas de hábitos, mesmo que estes sejam maus e possam confundi-las ao planejarem o futuro.

Exercício

Relate aqui as mudanças que planeja fazer:
Como prioriza estas mudanças?
Por que escolheu como prioritária determinada mudança?

Um espaço extra foi disponibilizado no final deste capítulo para suas anotações.

Indivíduos em recuperação fazem frequentemente muitas mudanças, quase como por reação à vida anterior, e como numa confirmação de que são capazes de viver de novo. *Fazem muito bem!*, na minha opinião.

Imagine como será seu dia amanhã. O que conterá, além do estresse de pagar o aluguel, o condomínio ou a prestação da casa, de cumprir a meta de vendas ou o prazo final do projeto, de esforçar-se para não chegar atrasada ao trabalho ou de que as crianças levem para a escola o material correto, ou ainda de conseguir entregar a encomenda a tempo? Tudo é pressão!

Quando foi que tomou consciência de estar sob pressão? Há 10, 15 anos, ou mesmo há mais tempo?

Infelizmente, a pressão é um fenômeno moderno que está intensificando seu controle sobre a sociedade de forma contínua e em todas as esferas da vida. Não se esqueça disso ao fazer seus planos.

Estudos e estatísticas

A revista científica, *Stress*, publicou em 2010 uma pesquisa realizada pela Universidade de Chicago, com pessoas solteiras, casais, e as respectivas situações de estresse. O estudo descobriu que as pessoas que viviam juntas como um casal produziam menos hormônios relacionados com o estresse do que aquelas que eram solteiras. O casamento *«possui um efeito amortecedor sobre as respostas do Cortisol (um hormônio esteróide) ao estresse psicológico»*, sugere o professor Dario Maestripieri em sua análise.

Além disso, o estudo sugere que os indivíduos solteiros e sem par são mais sensíveis ao estresse psicológico do que os indivíduos casados, o que é consistente com outras pesquisas que, cada vez mais, evidenciam o casamento e o apoio social como um possível *tampão* contra o estresse. O estudo da Universidade de Chicago se aprofunda nos resultados de outras pesquisas, que sustentam que as pessoas casadas vivem mais, além de apresentar menos doenças cardíacas e demais problemas de saúde.

Como possível alternativa para confirmar o resultado destes estudos, o Instituto Nacional de Estatística da Inglaterra e do País de Gales descobriu que mães solteiras e homens viúvos gozam de pior saúde e de um maior nível de doenças crônicas e agudas. As mulheres casadas, com filhos, são as mais saudáveis. A probabilidade de homens solteiros morrerem com idades entre 30 e 59 anos é duas vezes e meia maior do que a de seus homólogos casados.

Você deve estar pensando que não necessita que estudos de uma universidade dos Estados Unidos ou que algumas estatísticas realizadas no Reino Unido lhe digam que seja mais estressante viver sozinho. Eu tenho de concordar com você. Do ponto de vista pessoal, é ótimo ter alguém para trocar ideias ou conversar — mas não a qualquer custo, como você também já descobriu.

Estudos disponíveis sugerem que, quando estamos solteiros, nossa química pessoal responde pior do que quando temos alguém. Enquanto pensa sobre isso, teste essa teoria com as pessoas que lhe são próximas.

O estresse pode afetar as crianças também.

O estresse em jovens

Você não acha que seus filhos, crianças e adolescentes, estão propensos a sofrer de estresse durante o processo de divórcio, e depois dele? A razão de introduzir o assunto «estresse» relacionado com crianças, nesta fase do livro, é que o estudo realizado por Holmes & Rahe, inserido sob o subtítulo *Teste de Estresse*, também trata dos pontos de estresse para não-adultos.

A escala de estresse foi modificada e adaptada aos jovens. Apresentando vários «eventos da vida» aplicáveis aos jovens, a escala inclui a gravidez fora do casamento e o surgimento de uma deformidade visível. Nesta nova escala, o *divórcio* e a *separação conjugal dos pais* recebem uma das maiores pontuações. A Instituição Britânica de Caridade RELATE confirma os estudos que mostram que os pais a exercerem guarda compartilhada dos filhos são capazes de ajudar as crianças a lidar melhor com as tensões da separação (fonte: www.relate.org.uk).

Os cuidados e a assistência aos filhos são um assunto para especialistas. Se tiver alguma dúvida quanto ao bem-estar de seus próprios filhos, procure por aconselhamento profissional o mais breve possível, para assegurar que está cuidando da saúde física, bem como da saúde mental deles. Fale com seu médico ou com alguma organização competente. No Reino Unido, há várias organizações especializadas em ajudar diretamente as crianças, como a *Childline*, concebida para dar apoio telefônico a crianças com idade até os dezoito anos. No Brasil, há vários sites preparados para dar assistência profissional, se for o caso.

Tenha em mente que as crianças sentirão um estresse mais do que suficiente ao lidar com as questões típicas ligadas à passagem da puberdade para a adolescência, e da escola para a entrada no mercado de trabalho. Seus anos de juventude não devem ser perturbados por pais separados que não perdem uma oportunidade de se atacar mutuamente. Se ainda mantêm contato com seus filhos — infelizmente, muitos pais separados não o têm — faça o possível para conservar um relacionamento maduro e adulto com seu ex-marido, para proporcionar aos seus filhos um pouco de paz. Mais sobre este assunto será tratado posteriormente.

A mesma escala, utilizada para medir o potencial do estresse em causar doenças, se aplica tanto ao estudo adaptado aos jovens quanto ao estudo padrão realizado com os adultos. Mais uma vez, utilizando a escala, obter mais de 300 pontos indica que o não-adulto está «sob risco de doença». A diferença que observei nesta nova escala é que os «eventos da vida» parecem ser mais imediatos, tais como um pai começando um trabalho novo ou um irmão saindo de casa.

O que para um adulto faz parte de uma evolução natural e óbvia da vida, para um jovem pode ser um complemento ao nível de estresse, possivelmente já elevado em consequência de uma separação e divórcio.

As categorias sugeridas para esta escala modificada são um verdadeiro alarme, pois mostram que o estresse nos jovens consegue se acumular com muita rapidez. Considere isso cuidadosamente com seus filhos e tome providências imediatas, se for o caso.

Procure monitorar com regularidade seu estado de saúde, e de seus entes queridos, a fim de garantir que todos sigam o rumo das respectivas aspirações.

Pensando no futuro

Uma mudança pode trazer uma grande oportunidade, mas pode vir de mãos dadas com algum estresse. Se tiver filhos e estiver pensando em alterar aspectos importantes da sua vida após um divórcio, então leve em conta o estresse que os efeitos de suas decisões exercerão sobre as crianças e jovens da família.

Sua saúde, assim como a de seus familiares, é um tema importante, e eu tratarei da saúde e do bem-estar com maior profundidade no próximo capítulo. Os pensamentos e comentários do próximo capítulo poderão ajudá-la em relação a alguns aspectos do estresse.

Suas Anotações

Identifique o que está lhe causando estresse e preocupação neste momento:

_____

_____

_____

_____

_____

_____

_____

_____

Liste suas maneiras de minimizar e superar o estresse:

_____

_____

_____

_____

_____

_____

_____

Capítulo Cinco
Saúde e bem-estar

Nos capítulos anteriores, falamos sobre pessoas *sortudas* e notamos como parecem «se dar sempre bem» no final. Quando se trata da saúde, encontramos os mesmos *sortudos* que podem comer o que lhes apetece sem nunca ganhar peso, ou que fumam como uma chaminé, e mesmo assim são imbatíveis ao jogar *squash* entre um cigarro e outro. Isso é, no mínimo, enervante, especialmente se você estiver, sem dúvida nenhuma, no extremo oposto da escala de saúde e de bem-estar.

Novamente, você consegue identificar seu biotipo: seria aquele que não só engorda ao pensar em comer um biscoito *light*, mas também transpira em bicas perante a dificuldade em vestir a roupa de ginástica — praticar qualquer jogo de mesa está fora de cogitação. Como já deve ter percebido, enquadro-me nesta última categoria, e a questão não é *se* engordo, mas *quanto*.

Enquanto me recuperava do meu divórcio, concentrava-me na manutenção de uma boa forma física para sobreviver ao processo e, o mais importante, para armazenar a energia suficiente a fim de prosperar depois. A boa saúde é essencial para sua renovação.

Saúde e nutrição

A boa saúde não será encontrada no fundo de um copo de vinho ou de cerveja, embora a bebida possa ter-lhe proporcionado um efeito calmante, enquanto lia as cartas enviadas pelos advogados no decurso do processo de sua separação conjugal. Tampouco será encontrada nas refeições *takeaway*, consumidas diariamente por não querer se dar ao trabalho de cozinhar, ou de não o saber — mas principalmente porque «não vale a pena cozinhar todas as noites, já que é só para você».

Não é motivo de orgulho ser cliente preferencial do restaurante *takeaway* da vizinhança, por mais saboroso que pareça.

Logo no começo de sua nova vida de solteira, seja capaz de cuidar da sua alimentação e da sua família. Consumir uma dieta saudável e equilibrada ajudará seu corpo a manter-se em forma e recheará sua carteira devido à economia feita. Comece com uma ida ao supermercado para estocar comida na sua geladeira ou congelador. Se viver sozinha e tiver dificuldade em conseguir tempo para cozinhar, então prepare uma refeição para duas pessoas; quando a metade excedente estiver totalmente fria, cubra-a, guarde-a na geladeira e reaqueça-a no dia seguinte. Certifique-se de seguir todos os princípios básicos sanitários para que sua obra-prima culinária requentada não lhe faça mal.

De vez em quando, troque uma refeição *takeaway* por uma preparada por você, inspirada em algum livro de receitas. O custo deve ser o mesmo e — nunca se sabe — pode pegar o gosto pela culinária!

As primeiras impressões

O bem-estar afeta também sua aparência física.

É tentador sentir preguiça em relação a isso na fase de recuperação, especialmente se se preocupava em manter a aparência impecável antes da separação. Não dá prazer algum parecer relaxada, o que pode ser um reflexo de como está se sentindo no íntimo, e isso será notado da mesma forma tanto por velhos conhecidos quanto por novos. Sua aparência pode ser vista como uma manifestação de seu próprio bem-estar geral. Não me refiro à estranha «crise de não ter o que vestir» que venha a sofrer antes de ir a algum evento social, mas à sua aparência do dia-a-dia e ao quanto se preocupa com você mesma.

Por exemplo, um homem pode não se preocupar com estar sempre barbeado ou usar camisas impecavelmente passadas. Uma pessoa talvez engorde alguns quilos sem se importar muito com isso. Durante o estresse do processo de divórcio, talvez tenha sofrido alguma perda de peso, pois em determinadas refeições só consumia conteúdos desagradáveis de alguma carta enviada pelo advogado. Recuperar alguns quilos perdidos pode fazer você se sentir melhor e ficar mais bonita, caso tenha perdido muito peso. Mas controle seu peso e recorra a um médico, se tiver ido longe demais.

Compreendo que, às vezes, uma boa noite de sono pode ser o tônico necessário para ajudá-la, embora no início isso possa ser mais fácil de dizer do que de fazer. Não é uma coincidência que *A Bela Adormecida* seja chamada assim.

Outros exemplos podem ser: deixar de engraxar os sapatos com frequência, ou de cortar ou tingir o cabelo regularmente. Qualquer que seja o assunto referente à sua aparência, procure manter seus padrões de cuidados pessoais. No entanto, se estes forem naturalmente baixos, talvez seja hora de revê-los, levando em consideração suas roupas e higiene pessoal. Ao escrever estes comentários, sinto-me como um pai estabelecendo regras à filha — estas normas, porém, aplicam-se à sua situação, e você deve estar ciente do que é ou não aceitável para seu verdadeiro eu.

O exercício físico regular

Empurrar um carrinho no supermercado não conta como exercício. Assegure-se de que, independentemente da forma escolhida, pratique exercícios com regularidade para manter tanto a mente como o corpo em boa forma.

Sei que exercitar-se pode ser muito chato. Contudo, é também uma *boa hora para refletir*. Um período de corrida, caminhada ou natação significa que você deixa seu corpo fazer o trabalho, liberando a mente para lidar com o que estiver lhe pressionando os pensamentos naquele dia. Se precisar, associar-se a um clube ou a uma aula de ginástica poderá motivá-la.

Há um ditado em inglês que diz: «*Looking good, feeling good*» (Quando estamos bonitos, sentimo-nos bem); ou este seria apenas um truque de *marketing*? Qualquer que seja a origem desta frase, as duas questões andam juntas. Lembre-se disto após ter caminhado sete quilômetros na esteira.

Para demonstrar os benefícios do exercício, a Fundação de Saúde Mental (*Mental Health Foundation*) mantém um relatório, intitulado «Mexa-se» (*Moving on up*), que se concentra nos benefícios do exercício como uma forma de tratar a depressão. Mais detalhes estão disponíveis no *site* da Fundação: www.mentalhealth.org.uk. Não me interprete mal, não sou nenhum santo, sou sedentário, sempre sentado trabalhando diante do computador, tenho um volume abdominal considerável, mantenho uma rotina pobre em exercícios e consumo vinho em excesso — como ocorreu na noite passada. Compreendo também que escrever não conta como exercício; se contasse, provavelmente estaria em boa forma. Mas estar com o *check up* em dia e observar as medidas da cintura é importante para sua autoestima além de ajudá-la a tornar-se atraente para os outros, se estiver à procura de uma companhia nova e excitante.

Você nunca sabe onde o homem dos seus sonhos vai aparecer: será quando menos esperar! É vital estar sempre em dia com tudo o que se relacione à sua pessoa.

Sua saúde

A saúde pessoal inclui uma infinidade de categorias. Há três áreas a considerar. São elas:

- Bem-estar geral;

- Saúde mental;

- Saúde sexual.

Como qualquer assunto médico, todos os tópicos acima referidos são *áreas para especialistas*, e eu, certamente, não estou qualificado para distribuir conselhos sobre qualquer um deles. Apesar disso, teci algumas observações baseadas em estudos e considerei algumas das opções disponíveis no pós-divórcio que, espero, vão focar-lhe a mente quanto à sua própria situação. Sugiro que, se qualquer uma destas questões afetá-la, procure imediatamente seu médico ou um especialista para assegurar que esteja fazendo todo o possível para cuidar de si mesma.

Bem-estar geral

Neste capítulo, já forneci algumas notas sobre bem-estar geral e, a título de informação, entendo que os homens tendem a ser mais relutantes do que as mulheres em procurar um médico. Talvez o controle de saúde da família ficasse a cargo de seu ex-marido e, como ele já se foi, agora é sua vez. Assim, procure levar a saúde a sério.

A saúde e o bem-estar podem não ter sido *seu departamento* no casamento anterior. Talvez esses assuntos sejam estranhos para você, assim como tudo o que tenha sido tratado por aquele que agora é seu ex-marido. Esteja ciente de que ele possa estar agora tão assustado com a possibilidade de administrar o dinheiro quanto você está em manter-se saudável, por exemplo. O problema é que, se ele errar, ficará possivelmente com o saldo bancário negativo e, como consequência, receberá uma carta do banco que poderá lhe custar uma advertência correspondente. Já se *você* errar no quesito saúde, talvez não esteja mais aqui para ver quais serão as consequências! Certifique-se de colocar sua saúde, tanto mental quanto física, como prioridade na sua agenda.

Saiba que não está sozinha. Há sempre a possibilidade de consultar seu médico para obter ajuda. Se esse não puder ajudá-la, é provável que a encaminhe para um especialista. Para sua saúde mental, novamente, consulte-se com seu médico ou recorra a algum aconselhamento ou terapia para superar esse período difícil da sua vida. Se tiver a sorte de possuir um plano de saúde, algumas consultas poderão estar cobertas, mas se informe antes.

Terapia

Às vezes, tudo o que precisa é desabafar num ambiente seguro, confidencial e simpático, para que o que aconteceu faça sentido, para entender porque se sente desta maneira e para reconhecer quais são suas opções de futuro. Este desabafo tem a vantagem de garantir que a carga sentida não se torne esmagadora.

Eu próprio recorri à terapia, que foi altamente benéfica. Fez-me perceber melhor onde me encontrava na minha recuperação, no pós-divórcio, e entender o caminho que tinha a seguir. Além do mais, não sinto vergonha de ser um homem que admite ter recorrido à terapia. Não doeu, não fiquei constrangido e me ajudou. Como aprendi, a superação não tem de ser alcançada sozinha.

As consultas, que costumam ser semanais, são realizadas com o mesmo terapeuta: recomeça-se cada sessão a partir do ponto em que se parou na última, avançando gradualmente sobre um ambiente estruturado e focado. Poderá continuar a terapia até quando quiser, e, como a maioria das coisas na vida, os resultados dependem de sua dedicação. Se frequentar as sessões só por ir, sem dizer muito, então desperdiçará tempo e dinheiro. Todavia, caso se sinta sobrecarregada, anote as questões abaixo, priorize-as, se puder, e reflita na razão porque esses pontos são importantes. Isto permitirá que obtenha mais de suas reuniões/consultas. Um espaço adicional também está disponível na seção «Suas Anotações» no final deste capítulo.

Exercício

Quais as questões que pretende abordar na terapia?
Quais são suas prioridades?
Por que sua recuperação é importante?

No início do programa, talvez queira mostrar suas anotações ao seu terapeuta.

Lembre-se também de que um terapeuta é um profissional treinado e experiente, mas não possui nenhuma bola de cristal.

Ele não conseguirá lhe organizar o mundo, nem resolver em uma hora todos os problemas que estiver enfrentando — se seu terapeuta fizer isso para você, dê-me seu telefone, por favor. É provável que leve algumas sessões, várias talvez, até começar a descobrir suas próprias respostas através de discussões sobre suas circunstâncias, preocupações e questões. As reuniões são normalmente confidenciais e haverá um custo; assim, será melhor informar-se antes de começar.

Após divorciar-me, também participei de sessões de terapia; o profissional foi sugerido através da Fundação RELATE; há muitas organizações excelentes a oferecerem este serviço.

Esther foi encaminhada a um terapeuta pelo seu médico. Tratava-se de um profissional independente que não fazia parte de nenhuma organização. Não obstante, era altamente recomendado e muito prestativo. Os advogados que atuaram em seu divórcio também podem ter contatos úteis capazes de ajudá-la.

Como já foi sugerido, você não precisa lidar sozinha com suas novas circunstâncias. A terapia pode ser um caminho através do qual alguém em quem confia lhe «dê a mão», enquanto faz a transição para um novo futuro.

Não interrompa sua medicação!

Muitos de nós podemos ser comparados a comprimidos, loções e poções, prescritos para as indisposições adquiridas em nossas viagens pela vida. Faça o que fizer, se estiver tomando alguma medicação, não se esqueça de mantê-la exatamente como foi prescrita. Isso vale tanto para um período curto como para tratar de uma infecção, ou para condições mais prolongadas e até mesmo potencialmente permanentes, como por exemplo, uma pressão arterial elevada.

Controle seus medicamentos: conserve-os sempre acompanhados pelas respectivas receitas médicas, para garantir que se preserve saudável. Se for necessário, mantenha um diário em que constem os vencimentos das receitas. Ou armazene um suprimento de reserva num local seguro para não correr o risco de ficar sem a medicação. Não se esqueça de renovar seu estoque, se achar que precisa dele.

Se estiver de mudança de residência, lembre-se de informar seu novo endereço ao seu médico e mantenha seu farmacêutico atualizado. Com o turbilhão proveniente da mudança relacionada à recuperação do divórcio, é muito provável que se esqueça de encomendar seus medicamentos, o que poderá, como consequência, fazer com que fique sem as poções que a mantém bem.

A saúde mental

De acordo com a Fundação de Saúde Mental (*Mental Health Foundation*), com base em pesquisas de outras organizações tais como o relatório denominado «Morbidade Psiquiátrica na Grã-Bretanha» (*Psychiatric Morbidity in Great Britain*), realizado pelo Escritório Nacional de Estatísticas (*Office for National Statistics*), há várias estatísticas disponíveis sobre a saúde mental:

- Uma em cada quatro pessoas tem algum tipo de problema de saúde mental no período de um ano;

- O transtorno mental misto ansioso-depressivo é o mais comum na Grã-Bretanha;

- A depressão afeta uma em cada cinco pessoas idosas que vivem em comunidade.

Mais detalhes sobre o trabalho da Fundação de Saúde Mental

e estatísticas adicionais podem ser encontrados no site www. mentalhealth.org.uk.

Procure seu médico o mais cedo possível, se estiver começando a sentir dificuldades com relação ao próprio bem-estar ou à sua estabilidade mental. Converse com amigos ou familiares e peça apoio para que a orientem durante esta fase da vida.

Existem muitas organizações especializadas em apoiar a saúde mental, tanto na Grã-Bretanha como no Brasil. Listei, a seguir, algumas na Grã-Bretanha, com seus respectivos sites:

- *Mind* (Mente) – www.mind.org.uk;

- *Mental Health Foundation* (Fundação de Saúde Mental) – www.mentalhealth.org.uk;

- *RELATE* (Relacione-se) –www.relate.org.uk.

No Brasil, o Portal da Saúde do SUS (Sistema Único de Saúde) poderá ser-lhe útil, tanto à saúde mental quanto à física:

- http://portal.saude.gov.br/portal/saude/area.cfm?id_area=925

Não importa o que faça, procure identificar seus problemas assim que surgirem e busque ajuda qualificada.

A saúde sexual

Após falar do bem-estar geral e da saúde mental, vamos considerar agora algumas das questões que a saúde sexual envolve. No entanto, isso em regra só começará a despertar seu interesse quando a «fila andar»: se estiver com um novo parceiro ou se iniciando em jogos de sedução.

A dádiva do tempo

Você continua sendo a mesma pessoa maravilhosa que era antes de seu ex-marido tê-la arrastado pelas Varas de Família e a transformado na vilã da fita. Agora que está oficialmente solteira outra vez, talvez em breve chame a atenção de outro pretendente: neste caso, esteja preparada para isso.

Ao organizar meus pensamentos para esta seção, pensei em faixas etárias, e se estas influenciariam os pontos a serem tratados quanto a encontrar uma nova companhia, um novo amor e a consequente intimidade — se é isto que tem interesse em alcançar. A idade, ao se divorciar e começar de novo, faz pouca diferença quer tenha 25 ou mais de 65 anos. Talvez quanto mais jovem for, mais à vontade estará, mas, emocionalmente, muitos de nós nunca deixamos a juventude. Somente nossos corpos realmente envelhecem.

Nesse caso, a idade não é um fator problemático, porque a realização, a felicidade e o amor não são limitados pelo tempo ou pela idade. Caso seu divórcio tenha acontecido quando seus filhos ingressaram para a universidade aos 18 anos (você pode ter cerca de 50 anos), então terá provavelmente cerca de 30 a 35 anos para divertir-se na vida, com ou sem um novo parceiro. Isso é muito tempo, e pode-se realizar muito em três décadas. Vá à luta!

Se sente a idade como uma limitação, então devo dizer que este sentimento é puro preconceito seu. Talvez não se sinta à vontade em praticar *bungee jump* ou paraquedismo esta semana, mas isso não quer dizer que não deva se divertir e ser muito ativa. Isso vale tanto se estiver sozinha como com um parceiro, e se for para estar acompanhada, terá de começar a namorar novamente.

Namorando novamente?

O jogo da sedução não é fácil para a maioria das pessoas. Existem muitas a voltarem ao circuito, prontas para recomeçarem a viver. Assim como você, encontram-se de volta ao *jogo* sem saber o que fazer a seguir. É importante descobrir qual sua motivação (e não apenas luxúria) — e, possivelmente ainda o mais importante, qual a motivação *delas* — para namorar novamente. Você está à procura do amor, do companheirismo, do sexo, de um futuro financeiro estável, ou algo mais?

A pergunta acima pode parecer um pouco rude. No entanto, essas questões precisam ser feitas tanto a você *quanto* ao novo companheiro que aparecer — mas não é recomendado que, para quebrar o gelo, seja logo no primeiro encontro. É por isso que denominei esta seção de «A dádiva do tempo». Talvez precise de tempo para entender o que pretende do futuro; para isso talvez tenha necessidade de meditar. É possível que isso signifique que tenha de praticar um pouco para lembrar-se de quais são as opções que possui, e com que tipo de pessoa gostaria de relacionar-se.

Para justificar este ponto: muitos advogados especializados em divórcio com quem tenho falado sentem-se frustrados por causa de clientes que, num período de 10 a 15 anos, retornam a eles em razão de um segundo ou terceiro divórcio.

Infelizmente, as estatísticas de segundos ou terceiros casamentos fracassados, no Reino Unido, falam por si. Tenha isto em mente e não se apresse para nada (fonte: www.statistics.gov.uk).

A pergunta que faço a seguir pode lhe soar como algo muito egoísta a considerar: o que um novo casamento poderia lhe acrescentar? O que significa para você? Mercenário ou não, alguém deve lhe fazer esta pergunta difícil. Se ninguém a faz, então eu tenho de ser esta pessoa. Você poderia pensar que isto é um tanto forte vindo justamente de mim, com esse histórico que tenho. Gostaria que alguém tivesse feito isso por mim.

Lembre-se do que dissemos anteriormente a respeito de parâmetros pessoais; algum novo pretendente atende a estas exigências, ou você está se contentando com menos? Se estiver a ponto de voltar a casar-se, pergunte a si mesma: «P*or que?*». Espero que obtenha uma resposta completa e convincente.

E mais importante ainda: faça a mesma pergunta ao seu novo parceiro e pretendente. Espero que, nesta altura, conheça-o bem o suficiente para compreender o que está querendo dizer.

Por que tanta pressa?

Ofereço a seguinte mensagem para qualquer pessoa que esteja num novo relacionamento: por favor, dê um tempo. Há um provérbio muito sábio que diz: «Quem casa muito prontamente, arrepende-se muito longamente!». Não há pressa.

Mesmo quando encontrar um parceiro adequado, não há necessidade de apressar-se para um novo casamento até que vocês dois estejam prontos. Vale a pena esperar algum tempo para que se conscientize dos efeitos trazidos pelo divórcio, e para aprender as lições através do que deu errado da última vez antes de consagrar a próxima união, que esperamos seja a definitiva em sua vida.

Existe um risco em sobrepor relacionamentos. Sair de um casamento e começar imediatamente um relacionamento pode implicar num esquecimento ou numa negação dos problemas que tenham de ser resolvidos. O pior que pode lhe acontecer é casar-se logo e em pouco tempo divorciar-se outra vez, exatamente pelas mesmas razões.

Fazer uma pausa para realizar um balanço pode não ser a opção mais agradável, especialmente se estiver *apaixonada*, envolvida no turbilhão de seu novo relacionamento. No entanto, vai lhe dar uma oportunidade de meditar sobre duas coisas importantes:

- Em primeiro lugar, o que aprendeu com o passado?

- Em segundo lugar, e o mais importante, o que espera do futuro?

Apenas a passagem do tempo permitirá que saiba o que é melhor para você.

Esperar pode não corresponder às ambições de seu novo parceiro. Todavia, se estiver ele apaixonado, deverá compreender sua necessidade de vivenciar um período neutro antes de assumir um compromisso novamente. Não há pressa para se casar de novo, e se houver, permita-me uma pausa para perguntar: *por que?* É você que está com pressa em assumir este relacionamento ou está sendo pressionada? Talvez tenha um motivo justo para avançar tão rapidamente — mas esse será suficiente para justificar um novo casamento nesta fase de sua vida?

Não é difícil relembrar o quão doloroso foi seu divórcio; você não gostaria de passar por isso mais uma vez, não é? Embora possa estar sendo arrastada pela organização do novo casamento, lembre-se de que os custos de cancelamento são muito menores do que passar por mais um divórcio!

Ainda não está convencida? Talvez valha a pena ler um estudo realizado por Ted Huston, (Professor de Ecologia Humana da

Universidade do Texas), publicado recentemente pela revista científica americana, *Personal Relationships* (Relações Pessoais).

Os pesquisadores estudaram 168 casais ao longo de 14 anos. Uma de suas conclusões mais surpreendentes foi descobrir que as sementes do divórcio poderiam ter sido detectadas logo no início do relacionamento. Além disso, deduziram que os casais que tiveram um período de namoro mais curto tinham uma probabilidade maior de se separarem do que aqueles que passaram mais tempo juntos antes do casamento. E acrescentaram: namoros longos «geram sentimentos positivos, como a confiança e o respeito, que por sua vez propiciam a evolução para outros tipos de bons relacionamentos na vida».

Os relacionamentos entre *melhores amigos* tinham a tendência de serem os mais bem sucedidos. E, pela própria natureza, são os que levam muito tempo para se desenvolver.

O erro pode acontecer de muitas maneiras e pode se manifestar de uma forma mais física do que um simples divórcio. O crescimento de doenças sexualmente transmissíveis, como a AIDS, em pessoas acima de 50 anos de idade tem sido significativo nos últimos anos. Para muitos, este crescimento deve-se à invenção de uma pílula azul trapezoidal que faz funcionar determinadas partes do corpo masculino por mais tempo do que normalmente seria natural.

As doenças sexualmente transmissíveis não acontecem apenas com os jovens

Não seria sensato falar sobre namoros, novas ligações e encontros sexuais sem trazer à tona o tema das doenças sexualmente transmissíveis, ou abreviando, DST.

As notificações de doenças sexualmente transmissíveis como a Sífilis, a Clamídia, a AIDS continuam a crescer tanto entre a faixa etária de 45-64, quanto à dos 65 anos em diante. Como um exemplo, de acordo com a Agência de Proteção à Saúde (*Health Protection Agency*), nas pessoas com mais de 65 anos, a Gonorreia aumentou em 11 por cento entre 2002 e 2006. A título de curiosidade, no Brasil, os casos de AIDS em idosos também dobraram entre 2000 e 2010; quanto a outras doenças sexualmente transmissíveis, o Ministério da Saúde não possui dados sobre seu índice de transmissão, porque a notificação não é obrigatória. (fonte: http://veja.abril.com.br, de 3 de fevereiro de 2012; 9h40).

Indo mais além, um estudo realizado pela Agência de Proteção à Saúde (*Health Protection Agency*), publicado em julho de 2010 pela Revista Científica *AIDS*, sugere que metade «dos adultos mais velhos, diagnosticados na Inglaterra, no País de Gales e na Irlanda do Norte durante o período do estudo (2000-2007), foram contaminados aos 50 anos ou mais». Além disso, o estudo constatou que o número de pessoas com AIDS, com mais de 50 anos, à procura de tratamento no Reino Unido sofreu um *aumento significativo*: triplicou durante o período da pesquisa. O estudo enfatizou que isto se deu devido ao aumento do índice de sobrevivência, bem como ao número de pessoas diagnosticadas logo após a contaminação, aos 50 anos ou mais. (Fonte: Agência de Proteção à Saúde: Centro de Investigação Infecções – *Health Protection Agency: Centre for Infections Research*).

Essas estatísticas são bastante duras e alertam para algo que nunca poderia ocorrer a um indivíduo recém-divorciado que está namorando agora ou envolvido com alguém. Você pode ter pensado sobre isso na juventude, mas não agora. Uma DST é a última coisa que você precisa neste momento em que está se recuperando do julgamento de seu divórcio.

Talvez seja muito fácil esquecer-se de se proteger, ou pensar que, como a vida é curta demais, esta é a hora de se divertir — eu não gostaria de interromper isto. No entanto, lembre-se de tomar as devidas precauções como fazia quando namorava no passado. Eu não vou dizer-lhe como deve administrar sua vida, especialmente sua nova vida sexual, mas você está mais madura agora do que no passado. Tenha um pouco de bom senso nas situações em que se encontra, apoiada pelas conclusões dos vários estudos acadêmicos mencionados por nós.

Reconhecendo os efeitos negativos causados no Reino Unido, no longo prazo, a Associação de Caridade de Saúde Sexual, FPA (antiga Associação de Planejamento Familiar, *Family Planning Association*) tem como alvo os *Baby Boomers* (aqueles nascidos aproximadamente entre 1945 e 1960) na campanha nacional «Semana da Saúde Sexual», que visa persuadir os que têm mais de 50 anos a praticar sexo seguro. (O site é www.fpa.org.uk.).

Siga este simples e eterno conselho: *use sempre um preservativo!*

Só para completar a lição de casa sobre os riscos que corre ao não se proteger, seguem alguns fatos adicionais e bastante assustadores:

No Reino Unido, é possível que leve cerca de dez anos, a partir da infecção, para a AIDS ou o HIV atingir o pleno desenvolvimento do estágio final de materialização. Às vezes, a AIDS apresenta poucos sintomas (Fonte: Terence Higgins Trust site, www.tht.org.uk).

Esta não é uma leitura agradável, concordo. Apesar disso, você não pretende que a ignorância seja seu maior inimigo.

Consulte seu médico ou o Centro de Saúde para obter ajuda e aconselhamento, se estiver preocupada com qualquer uma destas questões.

Agora é com você

Ninguém deve lhe dizer como levar sua vida — e não é o que estou fazendo nem nesse capítulo nem nesse livro. Você vai fazer aquilo que bem entender, de qualquer maneira, independentemente da idade, sexo ou circunstâncias.

A libertação de um casamento pode dar-lhe uma nova segurança para experimentar e fazer o que nunca tentou antes, na companhia de pessoas novas e excitantes. Parece muito divertido, e espero que seja. Acredito que tenha muitos, muitos anos à frente para se divertir. Cuidar-se agora: vai render-lhe dividendos mais tarde.

Em resumo, antes de apressar-se a fazer o que as pessoas lhe disseram que não se deve fazer, pare um momento para refletir sobre as possíveis consequências para sua saúde.

Não faça isso por mim, mas por você e pelo seu próprio futuro.

Suas Anotações

Você tem, no momento, problemas de saúde? Quais são? Quais seus planos para resolvê-los?

_____

_____

_____

_____

_____

_____

_____

_____

_____

_____

Qual o programa ou a lista que vai usar para monitorar a saúde no futuro?

_____

_____

_____

_____

_____

_____

_____

_____

_____

_____

Capítulo Seis
O processo de mudança

Não seria útil nesta fase de sua vida ter uma TARDIS? (a máquina do tempo do seriado de ficção científica *Doctor Who* — e acrônimo de *Time and Relative Dimensions in Space* [Tempo e Dimensões Relativas no Espaço]). Assim, sem nenhum esforço, poderia levá-la para um destino novo e muito diferente, de preferência enquanto ninguém mais, nem o *Doctor Who*, estivesse a usando. Você entraria na nave e, após servir-se de uma bebida e polir a coleção de *Daleks* (mutantes extraterrestres da mesma série), encontraria uma abertura para encaixar uma chave de fenda sônica e, finalmente, definiria as coordenadas para o futuro e para o lugar onde gostaria de estar. Você passaria por essa experiência, tal como a personagem de ficção, para tentar fugir de uma pilha de problemas que estariam prestes a esmagá-la para sempre. Isso lhe parece familiar?

Infelizmente, somente os *Senhores do Tempo* têm acesso à *TARDIS*. Durante a fase de *recuperação do seu divórcio*, você sabe que mudanças terão de ocorrer — e estas serão capazes de afetar-lhe todos os aspectos da vida.

A própria condição de ser separada, divorciada ou mesmo enlutada significa que está prestes a enfrentar o futuro por conta própria ou acompanhada por uma nova pessoa. A palavra *mudança*, porém, não é nenhum palavrão. Esta deve ser adotada, mesmo nutrida, por maior que seja sua relutância no início. Entretanto, tem de haver um *desejo* de mudar, uma *convicção* no seu eu mais profundo de que é hora de fazer a diferença em sua vida.

Uma visão pessoal de mudança

A mudança significa criatividade, mas muitos resistem a ela. Escolhi algumas das minhas citações favoritas para fornecer-lhe um sabor do que pode ser considerado como passado, bem como o que pretende manter enquanto encara seu próprio processo de mudança.

- «Melhor é mudar, ser perfeito é mudar frequentemente.», Winston Churchill;

- «Progresso é uma bela palavra. Mas a mudança é seu motivador. E a mudança tem seus inimigos.», Robert F. Kennedy;

- «A mudança não só é necessária à vida. É a própria vida», Alvin Toffler;

E a última, cuja ironia me fez rir:

- «A mudança é como passar batom num buldogue. A sua aparência de buldogue não melhorou, mas agora ele está realmente bravo.», Rosabeth Moss Kanter.

Estou certo de que algumas pessoas que passam por esta nova situação de mudança possam às vezes sentir-se como um buldogue de batom. Talvez estejam indignadas em relação à mudança que lhes foi imposta por algum «proprietário» anterior, que após tê-las manchado de batom, marcando-as como divorciadas, afastou-se para zombar de sua obra.

Assim como o buldogue acima, limpe esta mancha injusta e continue seu caminho.

Meios e motivação

Qual é sua motivação para mudar? Qual é seu alvo? Se ainda não tiver nenhum, pense em qual poderia ser. Como na maioria das decisões na vida, via de regra, devem existir dois fatores predominantes para originar a mudança. Um deles é o *meio*: o dinheiro, a energia ou o tempo necessário para fazer uma mudança acontecer. Um exemplo seria a capacidade de arcar com uma mudança de casa, ou de possuir as qualificações para um novo emprego.

Outro fator é a *motivação*: o desejo de deixar o lugar, ou a situação em que se encontra, por outro em que gostaria de estar. Pense em algo que já alcançou no passado, que tenha originado uma mudança realmente positiva na sua vida. Pode ter sido passar num exame, parar de fumar, começar um negócio novo, casar-se ou ter certeza de ter dado aos filhos uma boa educação. Estas são as tarefas que assumiu para permitir que sua mudança ocorresse.

Mas *qual* é a motivação? Para responder a esta pergunta, precisa saber qual é seu alvo. Vamos reexaminar os exemplos dados. Passar num exame poderia ter sido o meio para conseguir o trabalho ambicionado, que gerou um salário mais elevado e a consequente melhoria de seu estilo de vida. Parar de fumar, provavelmente, fez com que se sentisse melhor, o que lhe permitirá viver mais, dando-lhe mais tempo para se divertir com amigos e familiares.

Qual é sua motivação, seu alvo? Use o próximo exercício para detalhar seus objetivos.

Exercício

Qual é sua motivação/seu motivador?
O que deseja alcançar no futuro?
Por que é este seu alvo?

Um espaço extra foi disponibilizado no final deste capítulo para suas anotações.

Percebe como isto funciona? A mudança realizada nada mais é do que o conduto necessário para causar o efeito desejado no seu futuro. A mudança é a *entrega* da motivação do que deseja alcançar.

Não há necessidade de realizar uma grande mudança. Pode ser um simples ajuste na sua rotina normal — ou pode ser uma combinação de pequenas mudanças — estas podem fazer toda a diferença quanto ao prazo a alcançar seu objetivo, ou objetivos.

Seu objetivo pessoal poderia ser, e muitas vezes é, puramente egoísta. Este pode ser alimentado por amor, ganância, medo ou mesmo *status*. É quase sempre uma questão de *qual a vantagem que levo nisso?*

Isso pode também ser estendido à família; por exemplo, pressionar as crianças na escola para obterem notas altas em exames. O benefício que *você* obterá com isso pode ser que, mais tarde na vida, eles não se transformem num desgaste emocional ou financeiro para si própria, ou ainda morem em sua casa aos 30 anos. Conforme sugerido num capítulo anterior, as mudanças de vida vivenciadas por crianças são significativas e parecem ter um ritmo muito mais rápido do que aquelas que acontecem na vida adulta.

Comunicando a mudança para os outros

Conseguir o melhor para seus filhos, ou para qualquer outra pessoa nesse contexto, pode depender da forma com que nos comunicamos com eles.

Quando ouve alguém dizer: «*Já lhe disse cem vezes...*» em relação a qualquer assunto, sempre lhe soa como um pai ou um empregador punindo uma criança ou um funcionário por alguma má conduta. No entanto, reflita sobre esta frase. Se ninguém ouvir, ou se o destinatário não entender a mensagem a ser dada, de quem é a culpa? É sempre da pessoa que entrega a mensagem, não importa quantas vezes a repetiu.

Se não há nenhuma razão para que o ouvinte «compre» a mensagem de mudança, nada de positivo vai acontecer. Os únicos resultados serão a frustração e a irritação. Você não gostaria de levar sua vida assim, não é?

Nesta fase, lembre-se de que seu ex-marido ou parceiro pode ter sido também seu melhor amigo e, intencionalmente ou não, o tomador de decisão. Durante anos, você pode ter-lhe confiado o desempenho de certas tarefas para o bem da família. Muitos relacionamentos funcionam desta maneira, através de linhas de responsabilidade que são desenhadas ao longo do tempo. Uma pessoa cuida das finanças da família, a outra faz as compras e passa a roupa: ambos assumem conjuntamente a responsabilidade das férias de verão ou das lições de casa das crianças.

Após a separação, essas linhas foram removidas. De repente, tem de defrontar-se com problemas numa área que não domina, pois as decisões referentes a ela foram delegadas para outrem décadas atrás. Você tem uma curva íngreme de aprendizado para escalar, mas deve fazê-lo. Está pronta para transformar-se?

Já falei em «comprar» antes. Juntamente com outros, você precisa comprar seu próprio programa de mudança para obter o melhor de seu futuro. Claro, haverá um grau de risco envolvido — mas este está associado a uma oportunidade de autoconhecimento. A mudança não vai funcionar se você não a comprar. Qualquer mudança para melhor envolve passar por um processo.

Os fatores necessários, a adicionar em seu programa de mudança pessoal, são exclusivos para você. Todo mundo é diferente. No entanto, estas variações tendem a seguir um ciclo ou um padrão semelhante; detalhei o processo de mudança na próxima seção. Isso pode significar que, a partir deste ponto, você realize muitas mudanças utilizando um processo decisório semelhante, tanto para bens tangíveis quanto para os intangíveis.

Decidir o que, e quando, mudar

Você está prestes a realizar algumas mudanças em sua vida. Já as anotou e as colocou em ordem de prioridade? Há mudanças que somente são alcançáveis se forem antecedidas por outras.

Exercício

Liste aqui as alterações planejadas:
Qual é sua ordem de prioridade?

Um espaço extra foi disponibilizado no final deste capítulo para suas anotações.

É necessário pensar sobre a sequência dos acontecimentos que mudaram sua vida antes de impulsionar o processo. Não seria melhor esperar que a mudança gere totalmente seus efeitos antes de desejar uma outra? Planeje suas prioridades cuidadosamente para obter o melhor resultado.

É importante considerar os seguintes fatores necessários para que uma mudança ocorra:

- **Atenção**: à necessidade e à vontade de mudar;

- **Interesse**: em compreender por que quer mudar. *Que vantagem terá com isso?*

- **Convicção**: de que a mudança escolhida seja de seu melhor interesse;

- **Desejo**: de que o alvo de suas aspirações seja o que realmente quer para o futuro;

- **Mudança**: como você vai realmente realizar sua mudança.

Você pode alterar estas palavras-chave para se adequarem ao seu próprio estilo ou à sua própria situação. Tenho a certeza, no entanto, de que compreendeu a mensagem: não apenas *o que* é preciso fazer, mas o mais importante, *o porquê* da necessidade de identificar as razões para que essa *sua* renovação aconteça.

Sem pretender banalizar esta ideia, a transição é semelhante a um processo de compra padrão de um bem físico. É, porém, um processo emocional, por sua natureza, intangível; vale a pena passar por ele para entender o porquê de estar realizando sua jornada de descoberta.

Quando foi a última vez que comprou um grande bem de consumo, como um carro ou uma cozinha? Como exemplo, quando compra um carro, passa normalmente pelo processo de compra constituído por: Atenção, Interesse, Convicção, Desejo e o fechamento do negócio (a Mudança). Esse último se dá quando sai dirigindo o carro cobiçado.

Neste processo, sua **atenção** pode ocorrer ao ver o carro *on line*, ou ao solicitar um catálogo.

Seu **interesse** pode materializar-se ao visitar um *showroom* para olhar o carro.

A **convicção** pode dar-se ao tocar o carro, ou sentar-se nele.

O **desejo** pode ser um *test drive* e as negociações quanto ao preço final.

Finalmente, você separa-se do dinheiro ganho com tanto suor, fecha o negócio, realiza a **mudança** de carro e sai do estande dirigindo o novo.

Qualquer vendedor de carros competente lhe dirá que, num *showroom*, ele só se aproxima depois que o potencial comprador tocar o automóvel fisicamente. Isso significa que esse já passou pelo processo de identificação do que pretende comprar, estando prestes a ganhar convicção suficiente para tocar e depois se sentar no automóvel.

Se essa é a lição que aprendeu nesta seção, já poderá identificar seu ponto fraco quando estiver num *showroom* de automóveis.

Voltando ao bem mais importante no processo de divórcio, *você mesma*. Você «negociou» ou foi «negociada» como um carro usado. Chegou a hora de comprar outro modelo para combinar com seu esperado novo estilo de vida.

Voltando às fases de uma compra em geral — Atenção, Interesse, Convicção, Desejo e Mudança —, seguem algumas reflexões emotivas:

Atenção

Atenção ao detalhe é o primeiro ponto. Quem está cuidando de você? Está se esforçando para apresentar o que tem de melhor, assumindo o que pretende oferecer bem como atrair o tipo certo de parceiro para o futuro? Para tal, talvez tenha de passar por um processo de aceitação em que *não* esteja fazendo o melhor para si mesma, ignorando que haja qualquer problema, quando claramente existe. Isto, por sua vez, pode levá-la a um período de aborrecimento, até mesmo de raiva, ao descobrir que se decepcionou um pouco. Esta situação poderia ter sido evitada, se tivesse prestado um pouco mais de atenção em *você* em primeiro lugar?

Interesse

Você sabe aonde vai e como pretende mudar? Possivelmente está *interessada* em conhecer detalhes da sua jornada de mudança: como será, onde e com que rapidez ocorrerá. Ninguém estará mais interessado em «você» do que *você* mesma. Alguns desses fatores estão fora de seu controle, mas pensar no futuro matará sua curiosidade em como esse poderá ser. Escolha também o *alvo* da mudança que eventualmente deseja. Este poderia ser uma pessoa, um emprego, uma casa ou uma transferência. Você conhece melhor do que ninguém qual seu objetivo pessoal; é só uma questão de saber como vai alcançá-lo.

Convicção

Convicção é sua compreensão de que seus objetivos só poderão ser atingidos com algum esforço, interesse, mesmo sacrifício e atenção ao detalhe, sempre focada no alvo escolhido. Se seu coração não estiver no processo de mudança, é improvável que esteja motivada para cumprir seu objetivo da maneira desejada.

Isso pode significar que se encontra aquém do que pretende alcançar, o que por sua vez poderia prejudicar seu verdadeiro desejo em questão.

É necessário concentrar-se na própria convicção para alcançar seu alvo. Ao olhar para seu passado, talvez se encontre agora cruzando limites pessoais jamais imaginados. Com isso, chega-se à conclusão de que tem à sua frente um mundo novo e cheio de possibilidades. Sair da sua zona de conforto nunca é fácil; você tem a convicção do que vai precisar? Vá em frente!

Desejo

Você identificou o alvo, tem a convicção de qual é o objetivo correto e ambiciona as virtudes deste. Está interessada há algum tempo, e seu desejo não diminuiu. Digamos que fosse um automóvel à venda: foi polida com a intenção de chamar a atenção, avistou o comprador alvo, foi possivelmente levada para um *test drive* e deixou claro seu interesse em negociar para que avancem juntos rumo ao pôr-do-sol.

Brincadeiras à parte, você terá de fazer todas essas coisas para obter o resultado desejado, superando alguns obstáculos durante o processo; se chegou a ir tão longe, terá a certeza de que tudo em que estiver focada *seja* o alvo correto.

Finalmente, a mudança em si (Fechamento do seu negócio)

A verdade é que, se estiver se esforçando para conseguir os *fatores de mudança* citados, esta lhe chegará de forma natural, e você poderá estar próxima de alcançar o que a motivou logo no começo.

Falei anteriormente sobre aderir à mudança. No entanto, são os outros fatores que deverá adotar para que esse aprendizado ocorra de forma natural, não só em relação ao que pretende mudar, mas também para possibilitar-lhe visualizar o que pode alcançar ao se concentrar em outras áreas. Seu único limite é a própria imaginação.

O mundo está aí para ser mudado, e a mudança é uma coisa legal, embora exija energia e motivação de sua parte. Eu não posso ajudá-la ainda mais em relação às suas motivações ou desejos, pois só você pode saber o que deseja fazer, e por que. O processo de mudança que esbocei vai ajudá-la a identificar onde se encontra para transformar em realidade estas motivações e desejos.

Ao ler este capítulo e os outros pensamentos deste livro, espero que já esteja direcionada para compreender seu futuro novo e melhorado.

Não se limite a pensar — anote.

Talvez tenha lhe levado um tempo para compreender o que deseja para o futuro. É um assunto complicado e terá necessidade de planejamento. Algumas pessoas vão direto ao alvo, outras não.

Seja em que campo se encontrar no começo, sugiro enfaticamente que vá anotando a evolução do processo. Faça-o num bloco de notas ou no espaço a seguir, ou ainda no computador... onde preferir. Basta anotar a informação em algum lugar que possa consultar regularmente. Isto permitirá adições aos seus pensamentos iniciais, exclusão dos que não funcionaram, além de ajustar suas descobertas, enquanto sua compreensão se desenvolve.

Exercício

O que espera do futuro?
Qual seu objetivo principal? Por quê?

Um espaço extra foi disponibilizado no final deste capítulo para suas anotações.

Certa vez fiquei tão confuso com uma situação emocional que peguei um rolo de papel de parede, coloquei-o no chão da sala de jantar com o lado estampado para baixo, e o em branco para cima, e prendi cada extremidade com pedras; depois, nele, escrevi o planejamento previsto para meu progresso com uma caneta marca-texto preta. Eu podia caminhar literalmente ao longo do progresso desejado, um espaço com cerca de 3,60 metros de comprimento, olhando para trás e para frente, para descobrir os erros ou melhorias que poderiam ser adicionados ou subtraídos.

Foi um exercício extraordinário. Depois disso, sempre que deparava com algum problema, eu esticava o papel de parede e compreendia o que estava fazendo. Se tivesse algo a acrescentar, desenrolava mais 1,5 metro de papel de parede e rabiscava. Se o tempo lá fora estivesse seco e quente, esticava o papel no jardim e era lá que elaborava meus planos.

Experimente! Recomendo vivamente esta opção tão barata... mas certifique-se de que a tinta da caneta não passe para o tapete (como aconteceu com a minha!).

Tendo considerado ingressar no processo de mudança — ressaltando-se que há várias alternativas de escolha – e armada com uma nova atitude positiva, focada no que realmente deseja alcançar, sua TARDIS pessoal deve começar a tomar forma e direção, permitindo que realize as mudanças significativas que deseja. Está prestes a tornar-se na sua própria «Senhora do Tempo».

O conceito de deslocar-se mental e fisicamente de um lugar para o outro, como é natural, é muito diferente das viagens no tempo ficcionais realizadas pela TARDIS. Todavia, é perfeitamente real a parte da imagem que apresenta a mudança e a transformação como metas diferentes e realizáveis. Depende de você transformá-la em realidade.

Suas Anotações

Quais as mudanças que pretende realizar no futuro, e por que são importantes para você?

_____

_____

_____

_____

_____

_____

Qual o prazo previsto para a realização da mudança?

_____

_____

_____

_____

_____

_____

Como planeja se recompensar quando ocorrer a mudança desejada?

_____

_____

_____

_____

_____

_____

A Vida após o divórcio. Começar de novo.

Capítulo Sete
O dinheiro conta

Dinheiro. Quando começar a se preocupar com ele? E, possivelmente o que é mais importante, até quando?

O Pequeno Dicionário da Língua Inglesa de Oxford define dinheiro como: «Moeda corrente, notas bancárias ou outros documentos que representam riqueza.» Estamos interessados no dinheiro em si ou é na *riqueza* que este gera? Seriam ambos a mesma coisa?

A definição de riqueza é: «Riquezas; ser rico; abundância; uma profusão de.» É possível possuir riqueza de qualquer coisa: desde conhecimento, dinheiro até — espero — saúde. Acredito que, neste momento, não esteja muito interessada na «riqueza de conhecimento», pois isto não paga a prestação da casa ou a conta de gás; assim como o ministro da Fazenda, você pretende equilibrar seu orçamento.

Durante quase toda minha vida profissional, preocupei-me com o planejamento do meu dinheiro: conseguindo empréstimos, pagando os respectivos juros e identificando estratégias para que rendesse muito, no maior período possível. Como ocorre com a água, o dinheiro, tanto numa escala global quanto na sua conta bancária pessoal, flui através da economia. Se não for cuidado, também pode tornar-se tão incontrolável quanto a água.

Segurança e planejamento

Planejar um novo futuro também envolve o planejamento do dinheiro, tanto em relação a assuntos no curto prazo, tais como a cesta de compras semanal, quanto no futuro, como a moradia, as férias e a aposentadoria.

Isto significa que, com um pouco de planejamento financeiro e de orçamento pessoal, poderá conseguir sobreviver com seus rendimentos — ou, no mínimo, conhecer a profundidade exata do abismo em que suas finanças caíram. Pelo menos, este conhecimento lhe mostrará o quanto deverá retroceder até voltar ao ponto de partida, para depois poder avançar.

Preocupe-se com controlar suas poupanças e seu saldo bancário desde o início, e não se esqueça de deixá-las exclusivamente em seu nome. Arranje uma máquina trituradora de papeis e livre-se da papelada acumulada que se tornou indesejada e desnecessária. Trate de conservar os registros e demonstrativos financeiros que poderão eventualmente ser necessários para o banco, ou para fazer a declaração do imposto de renda, como exemplos. Guarde, em um lugar seguro, todos os documentos importantes que necessitam ser mantidos, o que pode incluir passaporte, testamento, seguros, certidão de nascimento e assim por diante. Os cofres caseiros são muito baratos e bem fáceis de instalar, por isso talvez valha a pena adquirir um.

Se não entende de assuntos relacionados com finanças — nem está interessada em aprender —, neste caso peça o conselho de alguém que entenda. Este pode ser um parente bem informado e confiável, um amigo, um consultor financeiro independente ou um contador, por exemplo.

Mantenha-se atenta quanto às possíveis dívidas acumuladas e se esforce por pagá-las pontualmente, a fim de garantir que não fiquem fora de controle. Evite que seu nome seja incluído no cadastro de maus pagadores como SPC ou Serasa. Imagine ter seu crédito negado e ser obrigada a comprar tudo à vista! Se estiver lutando para honrar seus compromissos, lembre-se de que é possível negociar com as instituições de crédito. Na Inglaterra, o Centro de Aconselhamento aos Cidadãos (*Citizens Advice Bureau*) fornece todas as informações sobre como controlar a situação. O endereço do site é www. citizensadvice.org.uk. No Brasil, há várias prefeituras que mantém um serviço semelhante. Verifique se está disponível na sua cidade. Além disso, há cursos superiores, como a Faculdade de Negócios da PUCRS, que capacitam seus alunos a prestarem aconselhamento financeiro gratuito à comunidade (face.labmec@pucrs.br).

Neste momento, eu poderia provavelmente listar uma série de pontos nos quais se deva pensar ao lidar com as finanças e seus respectivos planejamentos para administrá-las. Isso está além do escopo deste livro, embora tenha incluído alguns assuntos que acredito possam ser relevantes quando se está em fase de recuperação, especialmente após um divórcio. Estes não estão em nenhuma ordem específica, e é bom lembrar que não se trata de uma lista exaustiva.

Se achar que precisa de orientação adicional, financeira ou administrativa — um bom indício é esta sensação desagradável, por não saber o que está acontecendo — procure um consultor financeiro independente, pois está qualificado para ajudá-la a progredir com suas finanças. Peça que alguém de sua confiança lhe recomende ou lhe oriente a encontrar um profissional que atue próximo de onde você vive.

Aqui vamos nós então. Finanças e todos os aspectos administrativos em resumo:

Passaporte

Na última página do seu passaporte, por norma, deveríamos identificar alguém, para que este seja contatado caso ocorra uma emergência enquanto estivermos no exterior. A maioria das pessoas nem se dão conta desta página. Se estiver planejando dar um tempo no exterior após seu divórcio, seja ou não para celebrar, é interessante rever esta página e alterar os detalhes do contato, se necessário.

Você não irá gostar se seu ex-marido for avisado de um eventual acidente que você sofra durante uma viagem ao exterior, acompanhada por um novo alguém.

Plano de Previdência

Se for beneficiária de algum plano de previdência complementar, pode ter nomeado alguém para que obtenha esses benefícios em caso de morte. Agora que está divorciada, transfira esse benefício para outra pessoa, a menos que tenha concordado em não o fazer durante o processo de divórcio, quando as condições financeiras foram estabelecidas ou negociadas. Seus filhos, seus pais ou seu novo parceiro poderão ser os novos beneficiários do plano. Quando sua vida se estabilizar, poderá mudar isso mais uma vez para atender às suas novas circunstâncias, à medida que forem evoluindo.

Os recursos do fundo de pensão, antes de gerarem benefícios, devem ficar fora do inventário para fins de imposto sucessório/ *causa mortis*, e são normalmente pagos de forma imediata, caso contrário, isso pode fazer parte do inventário.

Se tiver benefícios acordados com seu empregador, em caso de morte em serviço e direitos de pensão, discuta esta nomeação com seu departamento de Recursos Humanos e atualize suas intenções de acordo com suas novas circunstâncias.

Partilha de plano de previdência complementar

Se antes do divórcio seu marido participava de um plano de previdência complementar, é possível, em muitos casos, reivindicar esse direito. Este tem de ser juntado aos autos, de preferência durante o processo de divórcio, e o ideal é contratar um atuário independente nessa fase.

No regime legal (ou seja, da comunhão parcial de bens) e, de acordo com o entendimento dos juízes, o valor aplicado nos fundos de pensão durante a constância do casamento, bem como sua rentabilidade, será dividido por ocasião do resgate, mesmo se este acontecer muito tempo após a homologação do divórcio. A mesma regra aplica-se caso parte da aplicação tiver sido realizada pela empresa em que o beneficiário trabalha. Se o plano possuir vínculo empregatício, porém, só é possível transferi-lo quando o vínculo for desfeito.

Já em relação ao Fundo de Garantia por tempo de serviço, a jurisprudência atual não é pacífica quanto ao direito do cônjuge em relação ao montante aplicado durante a constância do casamento no regime de comunhão parcial de bens nem em relação à partilha deste, no futuro, nos casos previstos pela Lei, nem se seu valor tiver sido revertido para a aquisição parcial de um imóvel.

E se fosse você que estivesse do outro lado da transação, tendo seus fundos partilhados? Se assim for, talvez queira rever sua estratégia de planejamento de pensão, pois em alguns casos pode mudar significativamente. Um dia, pode ter programado aposentar-se aos 60 anos com uma renda substancial de alguns milhares de reais por ano, para desfrutar nos seus anos de crepúsculo. Agora, com a partilha do direito de pensão, tanto a idade quanto a quantia disponível podem ter se evaporado, e haverá a necessidade de reavaliar seus projetos.

Algumas pessoas preferem não enxergar que o retrato brilhante de uma aposentadoria feliz possa ter se transformado *num cartão postal de pobreza.*

Além disso, há casos em que cônjuges inescrupulosos realizam manobras para excluir determinados bens e proventos do patrimônio do casal antes do divórcio. Fique alerta para não ser vítima desta exclusão!

Seguros e planos de investimento

Certifique-se de informar seu novo endereço aos agentes de seguro, de investimentos e de pensões para garantir que nenhuma correspondência seja enviada ao antigo lar conjugal. Isto inclui também todos os planos de seguro, de poupança e de investimentos feitos em nome de seus filhos.

Tenho a certeza de que não gostaria que suas informações pessoais caíssem em mãos erradas.

Previsão de aposentadoria

Se, após o divórcio, estiver insegura em relação ao montante previsto que irá receber mensalmente do INSS ao aposentar-se, faça uma simulação no site do Ministério da Segurança Social (http://www.mpas.gov.br/conteudoDinamico.php?id=380) ou ligue para a central de atendimentos (135) para pedir quaisquer informações referentes ao assunto e, se necessário, marcar uma entrevista.

Atualize seu testamento

Tenho a convicção de que qualquer pessoa que atinja a maioridade deva escrever um testamento (disposições de última vontade). Converse com seus advogados não só sobre como elaborar este documento, mas também como armazená-lo em segurança depois.

A maioria dos advogados especializados em Direito de Família também fornecem serviços referentes a testamentos. Talvez esta seja a maneira mais fácil de conhecer um profissional adequado. Se seu orçamento for apertado — como é comum após um divórcio — procure um modelo de testamento na Internet, como por exemplo o que se encontra neste link: http://www.jurisway.org.br/v2/modelos1.asp?idmodelo=7437. Na minha opinião, um testamento simples e barato é melhor do que nenhum, mas leia atentamente as instruções. No entanto, a melhor forma de garantir a validade e a execução do testamento é lavrá-lo (registrar este documento) perante qualquer cartório de notas. Ou seja, um testamento **público**. Ele pode ser confeccionado e lavrado sem a intervenção de um advogado, mas existe um custo referente ao registro.

Após ter escrito o testamento, mantenha-o num lugar seguro (caso tenha optado por um testamento particular, ou seja, sem registro). Qualquer que seja a forma do seu testamento, informe alguém de sua confiança para garantir que seus desejos sejam seguidos, se morrer.

Finalmente, seja cautelosa sobre o serviço de fornecimento de «testamentos gratuitos». Se desconfiar que seja bom demais para ser verdade, é possível que sua intuição esteja correta. As organizações que oferecem testamentos *gratuitamente*, em geral, não são instituições de caridade: após a morte do testamenteiro, cobram uma comissão de administração sobre seu patrimônio. Isto pode significar que seus filhos e entes queridos terão de arcar com pesados encargos, quando você se for.

Como sempre, não deixe de ler as letras miúdas.

Renegociação de acordos de pensão de alimentos

Em tempos de austeridade, mudanças na pensão alimentícia são possíveis, especialmente quando houver perda de emprego, o que implica na inviabilidade de cumprir o pagamento acordado.

A pensão alimentícia é sempre estabelecida com pagamentos mensais, que podem ser alterados ou rescindidos. Às vezes, isso se deve porque há uma alteração de circunstâncias, tais como a perda de emprego ou, em outras ocasiões, por causa da ocorrência de um evento específico, como uma união estável ou um casamento.

É importante salientar que convém que o acordo seja homologado judicialmente ou lavrado perante um cartório de notas (no caso de divórcio sem filhos incapacitados) para que, em caso de inadimplemento do devedor, total ou parcial, a pensão alimentícia possa ser cobrada.

Caso a ordem ou o acordo forem *omissos* quanto à mudança ou fim da pensão alimentícia, mesmo assim qualquer das partes poderá solicitá-las, quando houver uma mudança de circunstâncias, e recorrer judicialmente, caso não haja um acordo com o ex-cônjuge.

De acordo com o artigo 1699 do Código Civil, a pensão alimentícia sempre poderá ser revista na hipótese de mudança das necessidades de quem recebe a pensão (alimentado) e possibilidades financeiras de quem paga (alimentante). «Se, fixados os alimentos, sobrevier mudança na situação financeira de quem os supre, ou na de quem os recebe, poderá o interessado reclamar ao juiz, conforme as circunstâncias, exoneração, redução ou majoração do encargo.» Aqueles casais que resolveram as questões amigavelmente, sem qualquer ordem judicial formal ou acordo de separação, podem renegociar os termos a qualquer momento. Lembre-se de que para ter validade jurídica, imprescindível se faz a homologação judicial de tal revisão do acordo.

Os casais cujas pensões alimentícias são decorrentes tanto de uma ordem judicial quanto de um acordo de separação terão de obedecer aos termos existentes na ordem, ou no acordo do divórcio, quanto aos eventos que farão a pensão alimentícia mudar ou terminar totalmente. Se houver um novo acordo estipulando um novo valor, este poderá ser aprovado formalmente através de seus advogados e do Tribunal.

É obvio que o mais sensato é ter uma abordagem pragmática quanto à situação e à negociação, especialmente em tempos econômicos difíceis. Se um casal não conseguir chegar a um acordo, recorrer aos serviços de mediação pode ser útil e rentável.

Se, porventura, seu ex-marido alegar que não tem mais condições de continuar pagando pensão alimentícia para você ou seu filho, consulte seu advogado imediatamente. Se esta pensão for imprescindível para seu sustento, e principalmente para o de seu filho, a Lei permite que o juiz designe parentes próximos para ajudá-lo no encargo, na proporção dos respectivos recursos, até que a situação econômica dele se normalize (na prática, não é o juiz que designa, mas o credor/alimentando que os pede).

Como nota adicional, de acordo com a legislação vigente, o direito à pensão alimentícia cessa automaticamente se o beneficiário deste direito contrair um novo casamento. Os pagamentos, no entanto, continuam se o cônjuge devedor da pensão se casar novamente. Se, porém, vier a ter filhos, poderá solicitar uma revisão de pensão, já que terá de sustentar duas famílias.

Indo mais além, se o relacionamento de seu ex-marido estiver se transformando em namoro sério, não espere estar no topo da lista de seus convidados nas bodas, caso ele voltar a se casar. Isto não é nenhuma surpresa, é claro. Há casos, porém, em que o ex-marido e devedor da pensão alimentícia não é informado de que a ex-mulher contraiu um novo casamento, fato que o liberta automaticamente da obrigação de pensão alimentícia em relação a ela, não aos filhos. Fique alerta se uma possível mudança neste sentido lhe disser respeito.

Se estiver nesta posição, ou estiver numa situação incerta, recorra a um advogado o mais rápido possível.

De acordo com o artigo 1708 do Código Civil brasileiro, existem duas causas que extinguem o direito de receber pensão alimentícia:

a) Por casamento, união estável ou concubinato do credor; e,

b) Por procedimento indigno do credor em relação ao devedor.

Deixe-me explicar.

Perderá o direito de receber a pensão alimentícia, o beneficiário que contrair um novo casamento, ou que estiver numa união estável ou de concubinato. Vale dizer que, por si só, um mero envolvimento amoroso e sexual não acarreta a perda do direito de pensão alimentícia.

Quanto ao procedimento indigno, a legislação não é categórica para explicar quando esse ocorre. Assim, o Tribunal terá de analisar caso a caso, se houve uma conduta indigna. Esta pode implicar agressão — física ou moral — ou ainda, crime material realizado por quem recebe a pensão de alimentos contra quem a paga (por ex.: furto, roubo, falsificação de assinatura, etc). Este procedimento indigno não tem nada a ver com o processo de divórcio em si, pois ocorre após a decretação do divórcio e a fixação de pensão.

Procure imediatamente um advogado caso, sendo beneficiária do direito de pensão alimentícia, esteja sendo acusada de ter praticado um ato indigno ou, sendo devedora, de ter sido vítima de tal ato.

É importante ressaltar que o direito de pensão dos filhos nada tem a ver com o eventual casamento de seus pais. Assim, se os filhos dependentes ainda estiverem vivendo sob o mesmo teto da mãe e de seu novo companheiro, terão seu direito de pensão preservado. Esta pensão, porém, poderá sofrer uma diminuição de valor em determinadas circunstâncias. Por exemplo, se a pensão que a ex-mulher recebe incluir as despesas decorrentes de moradia pelo fato de os filhos viverem com ela, essa poderá ser reavaliada, pois haverá mais uma pessoa a viver na casa e a contribuir com o pagamento das despesas (embora seja um fato consistente, nem sempre o aumento do número de habitantes do imóvel onde o alimentando mora leva à redução da pensão). Uma peculiaridade do direito de pensão alimentícia dos filhos é que sua cessação não é automática: só ocorrerá quando for solicitada em juízo pelo credor, mesmo após atingirem a maioridade. Caso estiverem estudando, terão direito à pensão até a formatura.

Além disso, a maioria dos acordos de pensão alimentícia tem prazo determinado. Isso significa que o direito do credor persiste até que alcance uma idade pré-definida, tais como a aposentadoria ou ainda, quando se estabeleça profissionalmente. Alguns acordos não têm prazo determinado: são estipulados no momento do divórcio; esses são mais comuns, por exemplo, na dissolução de casamentos longos, ou se a mulher estiver impossibilitada de trabalhar ou de conseguir emprego.

Se tiver dúvidas quanto à sua situação, reveja a *sentença do seu divórcio* em caso de divórcio litigioso, ou o acordo da separação em caso de divórcio amigável, para confirmar quando cessa sua pensão alimentícia. Esse conhecimento é tão importante para o devedor quanto para o receptor.

Controle da dívida

Durante o processo de divórcio, para poder sobreviver, talvez você tenha contraído algumas dívidas. Estas terão de ser controladas ou pagas para minimizar os custos dos juros.

Provavelmente, os altos honorários advocatícios com os quais teve de arcar tenham se somado às dívidas de cartão de crédito e às contas bancárias a descoberto. A monotonia implacável da rápida sucessão das lembranças de cada uma dessas obrigações certamente testará sua força interior. Você vai aprender também quão elevadas costumam ser as taxas de juros cobradas pelos cartões de crédito, razão pela qual precisam ser monitoradas.

Caso já tenha recebido uma parte do que foi estabelecido no acordo financeiro do divórcio, pense nas vantagens de quitar todas as dívidas contraídas o mais rápido possível. Lembre-se, porém, de levar em consideração a manutenção de um fundo de emergência para proteger-se contra os imprevistos.

Supondo que não tenha capacidade financeira suficiente para saldar todas suas dívidas, analise para quem você deve, e o quê, bem como os prazos e o custo dos atrasos de pagamento — estas são as técnicas de um bom planejamento.

Por exemplo, o prazo de pagamento dos honorários de advogado é de trinta dias: isso é inegociável. Por outro lado, um cartão de crédito talvez não tenha de ser pago imediatamente, mas, como é sabido, o prestador de serviços poderá cobrar caro pelo privilégio de retardar a liquidação, aumentando o custo total. Se estiver em vias de receber uma quitação decorrente de seu divórcio, saiba qual o valor exato, e quando este cairá na sua conta bancária. Lembre-se de que há sempre a possibilidade de negociar suas dívidas com os credores.

Enquanto estiver equilibrando seu orçamento, vale a pena verificar e comparar as taxas de juros que está pagando em qualquer empréstimo ou cartão de crédito, e constatar se é possível poupar nos juros com um prestador de serviços diferente. Muitos *sites* de comparação podem facilitar isso — mas, como em todos os assuntos financeiros, leia atentamente as letras miúdas e todos os termos e condições, como garantia de que não será surpreendida por cláusulas caras ou encargos adicionais.

Por melhor que lide com essa situação de equilíbrio financeiro, a única atitude que não deve tomar é a de ignorar a dívida. A comunicação é a chave para uma transição bem sucedida, que a manterá distante da dívida e dos credores. A dívida não vai desaparecer, e você não pretende deixar de pagar e prejudicar seu *rating* de crédito nesta fase da recuperação de divórcio em que se encontra. Se se sentir de mãos atadas ou em dificuldades, procure aconselhamento financeiro de um consultor de sua confiança. Mais uma vez, como alternativa, informe-se quanto ao serviço oferecido pela prefeitura da cidade onde mora ou por entidades educacionais.

Pactos antenupciais

Pacto pré-nupcial: na minha opinião, a própria definição para um assassino de paixões.

Um pacto ou contrato pré-nupcial é um documento legal que incorpora um acordo financeiro entre as duas partes antes do casamento, para confirmar quem tem direito a quê, caso a união venha a fracassar no futuro.

Estes pactos são comuns nos Estados Unidos, mas não na Inglaterra e no País de Gales. Já no Brasil, têm sido cada vez mais utilizados, principalmente para adotar um regime de bens diverso do legal (que é o da comunhão parcial de bens). Porém, também poderão ser avençadas outras cláusulas, contanto que não contrárias à disposição legal. Na América do Norte, alguns contratos prescrevem com o tempo — e temos notícias de alguns casos de processos de divórcio de grande notoriedade que, por coincidência, são movidos pouco antes de o contrato caducar.

Estes contratos têm sido não só uma regra nos Estados Unidos há algum tempo, mas também amplamente divulgados na mídia por celebridades e afins. A situação na Inglaterra e no País de Gales tem mudado nos últimos anos. O famoso caso Radmacher (decisão número 2010 da Suprema Corte do Reino Unido) confirmou que, embora o pacto não seja atualmente vinculativo, o Tribunal deve reconhecer esse tipo de contrato e estabelecer que as partes contratuais o mantenham, caso tenha sido celebrado livremente com pleno entendimento, a menos que seja considerado injusto. Esta é uma área de grande atualidade e está sujeita a muitas mudanças; muito será escrito sobre o assunto nos próximos anos.

Os contratos pré-nupciais podem ter seus benefícios. Deixam claro desde o início «quem recebe o quê» para assegurar que não haverá ambiguidade no caso de separação das partes. No entanto, algumas pessoas preferem acreditar que o amor vence tudo, e que se não for possível confiar em seu parceiro logo no início, uma união nunca deveria ter sido cogitada em primeiro lugar.

Não existe obrigação de celebrar esse pacto: trata-se de uma opção voluntária. Entretanto, se considera essa opção, consulte um advogado.

Seguro contra divórcio e Pacto pré-nupcial... o futuro?

Enquanto escrevia este livro, tive conhecimento de um novo conceito: o de «Seguro contra Divórcio». Com a retirada das vantagens de assistência judiciária gratuita nos casos de divórcio devido aos cortes decorrentes da austeridade, surgiu no Reino Unido a modalidade de seguro contra divórcio, embora eu entenda que essa proteção esteja disponível nos Estados Unidos desde 2005 (fonte: Daily Mail), e no Brasil desde 2010 (fonte: Revista Época). A possibilidade de garantir-se financeiramente antes de entrar numa união matrimonial parece estar próxima com a utilização desse seguro, combinado à celebração de pactos pré-nupciais (agora também ganhando força legal na Inglaterra e no País de Gales). Obviamente, haverá críticos que argumentarão que essa nova modalidade de seguro pode abalar a confiança, característica imprescindível num relacionamento; no entanto, duvido que as organizações comerciais permitam que estes críticos atrapalhem seus planos. Claramente, o divórcio é um negócio caro, e o fim de assistência jurídica gratuita para casais divorciados e para as disputas familiares foi sugerido no Reino Unido para salvar £178.000.000 por ano (aproximadamente R$578 milhões de reais). No Brasil, a assistência jurídica gratuita só está disponível para os cidadãos que comprovadamente não dispõem de recursos financeiros. Além disso, desde 2007, a legislação brasileira permite que o divórcio consensual seja realizado por escritura pública, através de cartório, desde que o casamento seja válido por mais de um ano, não haja filhos menores e/ou incapazes (por exemplo, com síndrome de down) e conte com a presença de um advogado. A entrada desta documentação pode ser feita *on line*. O divórcio extrajudicial tem custos menores do que o judicial.

Voltando ao seguro contra divórcio, tenho a certeza de que o problema estará nos pormenores desses planos, quando os concorrentes ingressarem no mercado.

Preocupação com o futuro

O sonho de uma vida «de leite e mel» pode ter sido destruído pelo divórcio. Talvez só agora, enquanto se adapta à rotina de uma nova vida, seja sozinha ou acompanhada pela pessoa que causou o divórcio, «caiu-lhe a ficha» do que representa na realidade o acordo financeiro que você aceitou no calor da batalha legal.

O aspecto monetário das coisas requer atenção imediata e concentrada, e tem de ser equilibrado com suas emoções.

Por um lado, talvez queira sair todas as noites para curtir a nova vida de solteira, quase como uma adolescente, mas com muito mais dinheiro a perder. Por outro, talvez esteja pagando pensão, gerindo uma casa nova, própria ou alugada, além de estar tentando colocar sua vida de volta nos trilhos.

A atitude de «gastar agora no que não deve e só se preocupar amanhã» pode muito bem ser uma abordagem imprudente, mas não é incomum. Vejo isso com muita frequência depois de um divórcio, o que é natural de certa forma. Na euforia ou na tristeza de ser uma recém-divorciada, é fácil esquecer-se da obrigação de pagar a prestação da casa, os uniformes escolares e os presentes para as crianças.

Algumas pessoas preferem, nas primeiras semanas, esvaziar o que julgam ser seu fundo de frivolidades sociais e de entretenimento. Não estou sendo o Senhor Miserável aqui e compreendo que todos nós precisamos voltar a viver e relaxar.

Uma posição inteligente é encontrar o equilíbrio certo entre ser responsável em relação a quem quer que seja que confia em você, ou paga sua pensão, e ser como um pássaro em liberdade, voando livre e o mais alto que puder. Gastos excessivos nesta fase de recuperação vão provavelmente voltar a atormentar-lhe mais cedo ou mais tarde. Vale a pena encontrar esse equilíbrio logo.

Planejamento do orçamento

Uma maneira fácil de analisar seu orçamento é listar os **ativos**, os **passivos**, as **receitas** e as **despesas** pelos quais é agora responsável, e calculá-los para ver se existe um *superavit* ou *deficit*.

Muitas pessoas acham mais fácil elaborar esse orçamento usando um formato pré-estabelecido: um modelo de planilha poderá ser usado como exemplo. Você pode encontrá-lo na internet; conheço alguns exemplos bons e rentáveis:

- www.moneydashboard.com

- www.budgettracker.com

Há modelos em português também:

- http://www.editgrid.com/user/jorgehen/planilha_ orcamento_familiar_modelo

- http://www.diretorio.org/planilha-financeira.html

Uma planilha de orçamento da Microsoft, que pode ser baixada, também pode atender às suas necessidades.

Outras pessoas preferem usar o papel; nesse caso, o exercício a seguir poderá ser-lhe útil.

Exercício

Liste seus ativos:
... sua renda:
... seus passivos:
e suas despesas:

Um espaço extra foi disponibilizado no final deste capítulo para suas anotações.

É imprescindível que você sempre mantenha uma simples cópia autenticada do divórcio. A carta da sentença só é necessária quando foram partilhados imóveis (para o registro do novo "dono" do imóvel no competente cartório de registro de imóveis). Muitos de nós preferimos esquecer estes documentos, mas tanto um, como o outro, é uma fonte útil de informação sobre o que você possuía e o que trouxe após o divórcio. Pode parecer sem graça revisitar essa peça judicial, mas ela faz centralizar a atenção sobre o que precisa ser considerado.

Depois, com base na cópia do divórcio ou na carta de sentença, se for o caso, combinada com uma eventual pensão alimentícia e as suas rendas pessoais, faça seu planejamento. O único ponto-chave necessário para a realização deste exercício pessoal é ser honesta consigo mesma. Escreva as verdadeiras *vantagens* e *desvantagens*. Muitos clientes que são divorciados vêm ao meu escritório para trabalharmos nesse planejamento juntos, considerando os rendimentos e as despesas, os prováveis benefícios provenientes da aposentadoria e o dinheiro livre de impostos, desafiando seus próprios pensamentos e caminhos financeiros para garantir que sigam um modelo robusto que não os deixe em apuros.

É sempre uma ótima notícia quando se verificam excedentes que podem ser gastos na companhia de novos parceiros, ou na compra de carros esportivos ou motocicletas que permitam ao motorista (normalmente do sexo masculino) negar sua verdadeira idade. (A capacidade de desmontar esta motocicleta de uma maneira totalmente sem classe acusará seu verdadeiro nível de maturidade).

É crucial apanhar eventuais *deficits* logo no início e cortar as despesas domésticas onde for possível para controlar as finanças. Lembro-me que houve uma época em que verificava *minhas* finanças pessoais diariamente. Para algumas pessoas, esta continua sendo uma rotina diária, eu, porém, com o tempo, fui reduzindo esse hábito por considerá-lo um pouco extremo demais, e esse controle passou a ser semanal.

Em retrospectiva, posso confirmar que um controle regular e exaustivo das nossas contas geralmente vale a pena: é quase um exercício para limitar eventuais danos. Isso não quer dizer que nunca mais terá um estilo de vida de alto nível, que não sairá de férias outra vez, ou que não conseguirá prosperar num estilo de vida afluente no futuro; apenas significa que, para conseguir progredir nessa fase de transição, terá de planejar de forma pensada em vez de simplesmente deixar as coisas acontecerem sem a devida atenção quanto à sua condição financeira do dia-a-dia.

Não há nada errado em pensar sobre o dinheiro que já teve um dia — mas isto faz parte da história. O que importa agora é o que pretende fazer com sua renda e com seu patrimônio atuais, e como dispor de seus ativos possivelmente muito reduzidos.

Faça algo que a assuste

Após meu divórcio, decidi que começar uma empresa era o caminho a seguir, e que chegara o momento certo de fazê-lo. O negócio começou com recursos relativamente escassos, e Ester, minha esposa, ajudava-me de várias maneiras — como por exemplo, com seu conhecimento empresarial, financeiro e emocional; desde então, estamos atuando no mercado com sucesso. Foi um grande desafio nesse momento especial da minha vida; para acertar, foi necessário muito planejamento, reflexão e negociação. Eu não podia me dar ao luxo de começar a atividade de forma prematura e de correr o risco de fracassar. Posso garantir que isso me assustou *todos* os dias nos primeiros meses!

É incrivelmente assustador abrir as portas do nosso negócio no primeiro dia e perceber que *não* existe uma fila de clientes ricos e disponíveis lá fora. No entanto, foi também, de certa forma, uma ótima maneira de afastar a mente da minha história pessoal recente e tão dolorosa, e uma oportunidade para voltar ao lugar ao qual sentia pertencer.

Além disso, este curso do destino estava *sob meu controle*; nenhum gerente médio, mal informado, estava obstruindo o caminho do meu sucesso. Era só eu e um escritório cheio de oportunidades... e, naturalmente, de muitas bravatas!

A desvantagem desta abordagem é, como deverá compreender, que como proprietário da empresa quem tem de descascar todos os abacaxis é você. Só você e mais ninguém! Você também tem de levar em conta uma terrível verdade: o fato de ter desistido de um emprego remunerado para iniciar seu próprio negócio não lhe dá o direito de reduzir ou interromper suas dívidas. O plano de viabilidade e sustentabilidade do novo negócio deverá incluir não só seu apoio financeiro *como também* seus custos de sustento.

Este tipo de planejamento futuro, levando em conta todos os fatores que podem dar certo ou errado, de forma mais lenta ou mais rápida do que a esperada, aplica-se a qualquer rota que pretenda tomar. Pode tratar-se de um novo casamento ou coabitação, ou de um emprego, ou de começar um novo negócio. Seja qual escolher, certifique-se de que terá uma renda suficiente para cobrir suas dívidas mensais, inclusive seus compromissos de pensão alimentícia, se for o caso.

Tenho a certeza de que nesta altura já deve ter percebido que esta lista de exemplos é interminável. Você é um indivíduo e vai levar uma vida diferente de todos os outros que estão ao seu redor. Lembre-se, é *sua* vida e só há uma pessoa que vai vivê-la: *você*.

Os custos do celibato

Para alguns, foi uma terceira pessoa quem causou o fim do casamento; caso não tenha sido um mero romance passageiro, é possível que outro relacionamento longo já existisse concomitantemente com o conjugal. Isto pode exigir um período de transição entre a relação anterior e a nova, bem como uma readaptação.

Qualquer novo relacionamento, independentemente das circunstâncias, traz muitas experiências novas, emoção e estresse. É provável que esteja passando pelo processo de administrar as expectativas do seu ex-marido em relação à sua disponibilidade para com os filhos, ou esteja disputando com ele os bens que possuíam em comum no lar conjugal e tentando ao mesmo tempo satisfazer as necessidades e exigências de um novo parceiro, que talvez esteja vivendo um período diferente de transição pessoal.

Um de vocês pode ter saído de casa para estabelecer-se com um novo companheiro. Essa mudança pode ter levado mais tempo do que o esperado. Ou talvez ambos tenham resolvido sair da relação ao mesmo tempo e agora estão tentando resolver as diferenças entre quatro indivíduos, criando um estresse significativo para todas as partes envolvidas, bem como para a nova união. Esta é a hora em que precisa pensar seriamente sobre a pessoa com quem está começando um relacionamento, para garantir que esse novo amor e companheirismo não caiam no primeiro obstáculo.

Você sabe que cada novo relacionamento será diferente dos anteriores e isso deve excitá-la. É apenas uma questão de saber se esta diferença é o que você deseja no longo prazo, e o que seu novo companheiro espera de você. Esta é uma oportunidade para testar o grau de compromisso de seu novo amor, para ter também a certeza de que não haverá decepções prematuras.

Somos todos diferentes. Há aqueles que preferem — ou não têm outra opção — ficar sozinhos por um tempo antes de buscar uma nova companhia, se é que um dia pretendem fazê-lo. Não quero dizer com isso que não gozem de uma boa vida social ou que não mantenham contatos com amigos e familiares; apenas precisam de um tempo para si mesmos. Isto sempre vale a pena. Ouvi recentemente um novo acrônimo: «SAS», que significa: bem-Sucedida, Atraente e Solteira. No Brasil, o número de casamentos continua em alta (fonte: IBGE 2010). Já no Reino Unido, há uma tendência para que o número de casamentos diminua no longo prazo: foram celebrados apenas 235.370 casamentos na Inglaterra e no País de Gales em 2007, o menor número desde 1895, em comparação com os 480.285 casamentos realizados no Reino Unido em 1972 (fonte: Instituto Nacional de Estatística - *Office of National Statistics*).

Isso faz sentido se pensarmos que parece que hoje em dia, as pessoas, se comparadas com as do passado, casam-se cada vez mais tarde, têm uma longevidade maior, além de haver um número maior de domicílios unipessoais. O Instituto Nacional de Estatística do Reino Unido também nota em seu *site*, www.ons.gov.uk, que há uma tendência crescente para as pessoas viverem sozinhas. Esta afirmação é corroborada por um crescimento de 3,9 por cento de domicílios unipessoais no período de 1991-2001. Em 2006, não menos que sete milhões de lares, no Reino Unido, eram unipessoais; para contextualizar, em torno de 17 milhões eram de agregados familiares. No Brasil, o censo de 2010 realizado pelo IBGE também confirmou a tendência de crescimento no número de pessoas que moram sozinhas.

Como sempre, o dinheiro pode afetar essa decisão. Uma pesquisa realizada no Reino Unido, em 2010, encomendada pelo *site* de financiamento privado, www.uswitch.com, sugere que o estado civil de solteiro acarreta um *premio* anual adicional de mais de £4,700 (que equivale a cerca de R$15.500,00), principalmente devido aos custos maiores de alojamento. No entanto, este relatório tem gerado algumas críticas devido à forma simplificada com que a pesquisa lida com relação a tantas situações individuais diferentes. Estas situações serão afetadas pela forma como você vive, por onde mora e pelo que escolheu fazer. No entanto, o mérito desta pesquisa é o fato de destacar as contas domésticas como sendo agora de sua responsabilidade e não mais compartilhadas com seu ex-marido.

Qualquer que seja o caminho tomado, é crucial orçar seus custos — seja considerando uma renda individual ou suas finanças combinadas com as de seu novo parceiro — e garantir logo no início que seja atingido um equilíbrio no orçamento doméstico. Um de vocês, ou mesmo ambos, pode ter outros compromissos que também precisam ser contabilizados, como pagar pensão alimentícia.

Além disso, não se esqueça de incluir férias no seu orçamento. Isto pode agora não parecer uma prioridade, mas depois de tudo por que passou antes de ser capaz de piscar do outro lado do «túnel» do divórcio, talvez seja fácil esquecer-se da necessidade de uma ruptura com o passado imediato. Não é um luxo ter um tempo de qualidade só para você, lembre-se. Seja lá de que maneira decidir fazê-lo, estruture umas férias ou, pelo menos, uma pequena pausa na sua equação monetária.

Você terá de levar em conta que, se estiver viajando sozinha, seu alojamento e outros custos podem ser mais altos devido ao acréscimo cobrado por muitos hotéis e operadoras de viagens. Talvez tenha de comprometer os padrões aos quais esteja acostumada em termos de localização ou de alojamento. Não deixe, porém, que detalhes a impeçam de fazer uma pausa.

Eu a condeno a outros trinta anos

Ao planejar o futuro, deve ter em conta o orçamento pessoal deste ano e, no longo prazo, algum tipo de estratégia para a aposentadoria. Ela chega a todos nós, é apenas uma questão de como escolhemos abordá-la.

Tudo bem falar sobre dinheiro, mas quanto tempo terá para desfrutar dele?

O mundo é sua ostra, diz o ditado atribuído a Shakespeare. Lembre-se sempre que é possível abrirmos uma ostra e encontrarmos uma linda pérola — ou apenas uma massa de molusco superfaturada. A vida pode ser mais um crustáceo. Você se agarra fortemente à existência, vivendo dos detritos no fundo da piscina de pedra.

Você pode ter tido um ótimo relacionamento com seu ex antes de se decidirem por seguir vidas separadas. O divórcio pode ter acontecido porque vocês tomaram caminhos diferentes, e não por ter havido algum outro problema.

No lamaçal subsequente que se iniciou depois que todos se intrometeram sem ser chamados, cresceu uma clara antipatia em relação ao seu parceiro anterior, afastando-lhe quaisquer eventuais memórias felizes e valiosas de momentos que possa ter vivenciado. Estas lembranças podem ter agora desaparecido, depende de você recolher-lhes os pedaços. Ou ainda, talvez tenha se contentado com um desconfortável beco sem saída, mas tal trégua não resolvida provavelmente não resistirá ao teste do tempo.

Assim, para ser realista, em quanto tempo espera realizar seu novo plano de ação?

A saúde geral e o bem-estar dos habitantes do Reino Unido têm melhorado significativamente nos últimos 25 anos, em especial para aqueles que passaram da meia idade. É recente o fato de que a saúde de nossas crianças pode tornar-se pior do que a nossa, o que significa que nossos filhos poderão vir a ter vidas mais curtas do que a nossa. Isso pode ser em virtude da vida mais sedentária que levam, dos jogos de computador, da programação ininterrupta dos canais de televisão e da redução de competições esportivas nas escolas. Também pode ser um reflexo das refeições de *fast food* e das bebedeiras que a geração mais jovem parece impotente a resistir.

O que gasta?

Acredito que, durante um determinado momento em nossa vida adulta, gastamos exatamente duas coisas: tempo e dinheiro. Geralmente, o *dinheiro* pode ser recuperado por meio de um pouco de atenção, aplicação e esforço. O *tempo* nunca poderá ser recuperado, uma vez gasto, foi-se para sempre. No entanto, medite profundamente sobre o *gasto do seu tempo* e verifique periodicamente se o está desperdiçando.

Por quanto tempo?

De acordo com o Instituto Nacional de Estatística do Reino Unido, a expectativa de vida nunca foi maior: os homens vivendo mais de 77 anos e as mulheres, mais de 81. Já no Brasil, em 2010, a expectativa de vida dos homens, ao nascer, é de chegar aos 69,73 anos e das mulheres, aos 77,32 anos. Ao longo de três décadas, essa expectativa aumentou 10 anos e 11 meses, segundo o IBGE (fonte: IBGE 2010).

É interessante, mas um pouco difícil de entender: quanto mais se vive, maior é a probabilidade de viver *mais*. As estatísticas do Reino unido de 2006-2008 mostram ser provável que um homem que viva até os 65 anos tenha aproximadamente mais dezessete anos para viver, chegando a 82 anos de idade ou mais; a expectativa de vida da mulher é, em média, de 85 anos de idade. No Reino Unido, aqueles que vivem na Inglaterra têm a maior expectativa de vida e aqueles que vivem na Escócia, a menor. Já no Brasil, aqueles que possuem a maior expectativa de vida vivem no Distrito Federal e em Santa Catarina, e a menor, em Alagoas (fonte: IBGE 2010).

Pode-se deduzir muito dessas estatísticas, seja quanto às diferenças entre homens e mulheres ou quanto às diferentes regiões. Estas estatísticas mudarão ao longo do tempo, em todo o caso. A previsão atual do Escritório Nacional de Estatística do Reino Unido, bem como do IBGE, é de que a expectativa de vida continuará a subir, pelo menos por enquanto.

O que essas estatísticas começam a mostrar é que, se estiver se divorciando aos 45-50 anos, você provavelmente terá mais 35 anos para viver. Como sabe, aplicando-se um pouco, poderá produzir muito neste espaço de tempo. No exemplo de alguém com 45 anos de idade, se for o seu caso, pense em quantos anos tem à sua frente... e multiplique o resultado por dois! Isto lhe dará uma indicação real de quanto tempo dispõe para alcançar suas aspirações.

Assim, poderá mudar suas expectativas quanto ao futuro e acrescentar algumas perspectivas sobre o que é possível em suas circunstâncias individuais. No Reino Unido, a idade legal para a obtenção da aposentadoria aumentará para 66 anos, para o sexo masculino, a partir de 2016, e para todos aqueles que atingirem a idade da aposentadoria a partir de 2020, por exemplo; é claro que todos nós estamos vivendo mais e, em muitos casos, trabalhando por mais tempo também. No Brasil, existe a aposentadoria por idade e outra, por tempo de serviço. Quanto à idade, atualmente, o homem se aposenta aos 65 anos, e a mulher aos 60. É provável que haja mudanças nas regras: a aposentadoria por tempo de serviço se extinguirá, e a idade para a mulher se aposentar passará a ser 63 anos. De qualquer forma, trabalhando mais anos terá a oportunidade de manter um rendimento maior por mais tempo, o que poderá lhe permitir o estilo de vida que almeja, financiado por um período mais longo também. Depende de você quando pretende se aposentar: do seu orçamento, da sua capacidade de poupar para obter os benefícios da aposentadoria, até do prazo do financiamento de sua casa própria e do acordo de pensão alimentícia (que geralmente tem um prazo estipulado), ou do custo dos estudos universitários dos seus filhos.

Todas estas questões e outras mais terão de ser consideradas nos seus planos, e ajustes terão de ser feitos em conformidade.

Preste atenção

Como sugeri anteriormente, esta não é uma lista exaustiva de todos os assuntos financeiros a que deva prestar atenção. Os pontos apresentados lhe dão um sabor do que deve considerar, quando olhar para seu dinheiro e suas finanças na nova estrutura do seu mundo. Em caso de dúvida, siga o conselho mais importante: *assuma o controle*.

Na minha experiência, muitas pessoas acham temas como orçamento e aposentadoria muito «chatos». Até eu tenho de admitir que, se alguém quisesse iluminar o mundo com paixão, não começaria por um desses assuntos. Isso, porém, não reduz a importância de nenhum deles; enfiar a cabeça na areia e esperar que os problemas financeiros sejam resolvidos não vai funcionar.

Seja de que maneira quiser pensar sobre suas finanças e formatá-las, assegure-se de fazer isso logo no início, enquanto a tinta em que foi assinada a *Sentença Definitiva do Divórcio* ainda estiver secando, para se certificar de que sua recuperação não seja afetada por algo tão facilmente evitado como uma fraca gestão do dinheiro.

Suas Anotações

Considere e detalhe aqui os parâmetros de seu orçamento (rendimentos e despesas), e de seu planejamento financeiro:

Com que frequência pretende rever suas contas?

A Vida após o divórcio. Começar de novo.

Capítulo Oito
Estar feliz sozinha

Onça pintada não muda de cor. Talvez tenha nascido para ficar solteira. Era preciso passar por um casamento e posterior separação para descobrir isso por si mesma. Alternativamente, você pode ter ficado presa a um casamento em que só seu parceiro «dava as cartas» e, na verdade, mesmo assim sentia-se sozinha, com um pedaço de papel a dizer-lhe que estava casada.

Agora que está divorciada ou separada, voltou ao seu elemento, sentindo-se muito melhor em sua própria companhia. Talvez tenha de mudar um pouco seu modo de pensar. Isso pode levar um tempo e, por vezes, pode até enganar-se e pensar por duas pessoas, ao invés de somente por você. De jeito nenhum, porém, sinta-se solitária, porque você não vai permanecer assim.

Duvida das minhas palavras? Dados do censo de 2001, do Reino Unido, revelam que 30 por cento das famílias na Inglaterra e no País de Gales vivem em domicílios unipessoais, divididos quase igualmente entre Aposentados e Outros (fonte: Instituto Nacional de Estatística do Reino Unido), sendo que o número de indivíduos que compõe os «Outros» foi o que mais aumentou em todos os domicílios. O número total de domicílios é um pouco inferior a 25 milhões em 2001: isto representa 7,5 milhões de pessoas vivendo sozinhas. Claramente, este é um setor em crescimento. No Brasil, as unidades domésticas com apenas um morador vêm aumentando: representam 12,1% do número total de domicílios, dos quais 38,6% são constituídos por pessoas com mais de 60 anos (fonte: IBGE 2010).

Muitas pessoas têm pouca vontade de aventurar-se nestes novos caminhos de celibato, mas aos poucos se dão conta de que as novas circunstâncias lhes agradam, pelo menos no início. Com o tempo, sentem uma vontade premente de manter a nova liberdade adquirida.

Outras pessoas substituem o parceiro perdido por um animal de estimação para fazer-lhes companhia: o que pode funcionar bem em muitos casos. É fato notório que há aqueles que não podem viver sem ter um contato humano, tanto físico quanto emocional.

Há pessoas que preferem ficar sozinhas, e aquelas que não suportam esta ideia, possivelmente preferindo a companhia de outras pessoas a ficarem sós. Como com as cenouras, a pastinha de passar no pão «Marmite» (que os ingleses adoram, ou odeiam) e a escuridão: ou se tolera ou não.

Em qual categoria você se enquadra?

Enquadro-me na categoria de pessoas que não gostam de ficar sozinhas — mas conheço muitas pessoas que preferem muito mais a liberdade de uma vida solitária, mesmo quando casados!

Um processo de divórcio pode levar tempo até finalizar-se. Assim, enquanto a sentença do divórcio é decretada e transitada em julgado, você pode preparar-se para viver sozinha. Se bem que os divórcios concedidos em cartório, uma vez apresentados pelo advogado contratado pelo casal para ajustar os termos da separação, levem no máximo três dias para serem concluídos.

No caso da morte de um parceiro, é improvável que tenha qualquer aviso ou tempo de preparação, e sua recuperação pode ser afetada pelo choque do luto. Você está enganada se pensa que um comentário sobre a morte está mal colocado neste livro: ao conversar com uma viúva recentemente enlutada, percebi como são impressionantes as semelhanças entre a morte e uma separação repentina.

Lembre-se de que, nessa nova situação, você ainda terá de cuidar de si mesma, o que por si só já é uma grande tarefa.

Supermarket Sweep (Programa de entretenimento da televisão americana e inglesa)

Sempre me considerei um homem moderno. Como tal, estou acostumado a fazer uma ronda semanal pelos corredores do supermercado, à procura dos mesmos produtos, excitado com as promoções ocasionais, tipo «compre um e leve outro grátis». Lembro-me da minha primeira vez: tinha acabado de me separar e achei esta tarefa assustadora; possivelmente, eu parecia um coelho perplexo ao percorrer a loja, tentando aprender o layout deste empório, que de repente se tornara alienígena.

Em primeiro lugar, o carrinho que eu precisava era diferente daquele que empurrava: era pequeno demais e mais parecia com uma cesta sobre rodas do que um carrinho de compras para adultos. Conscientize-se de que parece haver uma luz de néon piscando-lhe sobre a cabeça, indicando que você é uma pessoa «solteira, fazendo compras só para uma pessoa»; olhe para os lados e encontrará num relance todos aqueles que se encontram em situação semelhante.

«Como se manter saudável quando se faz compras só para uma pessoa?». Mas um olhar desamparado fala mais alto do que estas palavras e lhe invade o rosto enquanto serpenteia pelos corredores nas primeiras semanas, praticando a arte de prevenir o escorbuto, bem como as tendências selvagens que deva estar suprimindo. Além disso, os olhares solidários de outros avulsos tornam-se evidentes, quase como sinais de camaradagem e de desafio que parecem dizer: «Sim, parece que você também sobreviveu».

Isso está começando a soar tão surreal quanto o programa de televisão Supermarket Sweep, em que os participantes levam como prêmio tudo quanto conseguem colocar no carrinho de compras, num tempo determinado. Curiosamente, algumas pessoas sugerem seriamente que os supermercados são um ótimo lugar para encontrar gente nova — e conhecer possíveis pretendentes — porque você pode ter uma ideia de como são a partir dos produtos que colocam na cesta ou no carrinho de compras. Continuo sendo o «indeciso de Surrey» (meu lugar de origem) quanto a este último ponto.

Entretanto, discipline-se no sentido de estocar sua despensa com os mantimentos necessários para ter uma dieta equilibrada, assim terá a certeza de abastecer-se e alimentar-se corretamente para enfrentar os novos desafios que tem à frente. Durante suas aventuras no supermercado, talvez seja útil lembrar-se do que costumava comprar e o que não comprava, em função dos gostos do seu ex-marido: do que ele gostava ou não. Este conhecimento não fica restrito apenas à sua lista de compras, mas também a todos os aspectos da vida em comum, como você verá.

Conhecimento de seu ex-marido

Você poderia argumentar que, se conhece uma pessoa há alguns anos, deverá saber como reagirá em diversas situações sociais, pessoais e profissionais.

Um bom exemplo desta pessoa seria seu ex-marido. Você deve saber exatamente como irritá-lo, e a recíproca é verdadeira. Conhece as reações que ele terá, caso presencie a ocorrência de um determinado evento: se vai fazer um escândalo, ou apenas dar uma gargalhada, ou fazer um comentário. Você vai se lembrar dos pratos, dos restaurantes preferidos e até dos carros favoritos dele. Talvez tenham sido estes detalhes que a atraíram no começo da relação, ou que a afastaram depois.

Se você e seu ex conviveram por um longo tempo, é possível que se atrapalhe e use seu nome para chamar o novo parceiro. Esta é uma questão de hábito e não um sinal de que deseja de forma inconsciente que o passado volte: tanto você quanto seu novo parceiro devem estar preparados para isso.

Futura etiqueta social

Este vai ser um assunto, no mínimo, complicado, especialmente se mantinha laços estreitos com a família de seu ex-marido, ou se tiver filhos desse casamento. Você nunca sabe quando vai topar acidentalmente com os parentes dele, o que talvez lhe traga memórias evocativas que teria preferido esquecer.

Tome como exemplo seu restaurante favorito, cujo único defeito é ser ocasionalmente frequentado pelo seu ex-marido. É lá que a nova pessoa em sua vida decide levá-la para jantar. Você ainda não teve o prazer de topar com seu ex desde o divórcio, mas os garçons sempre parecem um pouco estranhos, pois sabem que existem problemas entre dois de seus clientes.

No entanto, a lembrança da deliciosa gastronomia supera qualquer receio e você acaba se encontrando com seu ex-marido, que está numa mesa de canto acompanhado pelo seu caso mais recente, parecendo tão apaixonado quanto você gostaria de estar antes deste encontro.

A ansiedade é compartilhada por todos durante este jantar, já que cada uma das quatro partes envolvidas está extremamente consciente da presença das outras. Cada parte observa, com o canto dos olhos, risos exagerados e possíveis longos beijos lascivos, acompanhados por um comportamento desnecessariamente tátil. A noite termina com olhares penetrantes, enquanto um dos casais sai após ter consumido a sobremesa às pressas.

Um advogado me contou que já moveu processos com base na natureza da postura «desnecessária» de «ostentação» em relação ao novo amor na frente do ex-marido ou da ex-esposa. Tenho a certeza de que esta refeição deixou a todos um gosto amargo na boca.

É interessante que a pessoa em causa estava completamente inconsciente da angústia que causava a outrem. Estava se divertindo e esqueceu-se da necessária etiqueta social que teria evitado a situação constrangedora que se criara naquela noite.

Ele certamente compreendeu a situação no momento em que a poeira baixou e recebeu cartas enviadas pelos diversos advogados, cobrando-lhe uma consequente fatura bastante alta.

Falando em etiqueta social, a passagem do tempo será um fator — imagine o dia em que seu filho se casar, se formar ou tiver um filho que a vai transformar em avó (desculpe fazer você sentir-se velha!)... e, então, poderá haver um batismo, um Bar Mitzvah ou qualquer rito de passagem que os pais decidam seguir.

Você será convidada para qualquer destas ocasiões, se houver dúvidas de que haverá um comportamento civilizado de sua parte? E o que dizer de um funeral de um ente querido da família do seu ex-marido, que considerava como sua? Você assiste ao funeral ou simplesmente não vai, enviando flores como sinal de respeito? Mesmo que esteja divorciada agora não quer dizer que não existisse um amor recíproco entre vocês.

Um exercício militar no piso da sala de leilões

Gosto de antiguidades. Muitas pessoas gostam. Aprecio também tudo o que for automotivo, e esta combinação numa sala de leilões geralmente oferece a oportunidade para um negócio.

Situações complicadas estão sujeitas a aparecer no horizonte em algum momento, e terá de enfrentá-las. Você não pode prever quando qualquer uma delas acontecerá.

Em certa ocasião, após receber o catálogo mensal de venda da casa de leilões local, fiquei surpreso ao ver à venda uma moto lilás cromada, Kawasaki, 1974, uma raridade, apesar de estar um pouco cansada. O valor estimado parecia correto, e passei alguns dias agradáveis verificando preços na Internet para ter certeza de que se tratava de um projeto tão viável quanto eu acreditava que fosse.

A venda aconteceria na terça-feira seguinte, e a exposição foi marcada para a manhã de sábado. Minha esposa também gosta de antiguidades e foi sem surpresa que viu anunciada uma «Kwacker» (gíria usada para a Kawasaki Ninja ZX-6R, a maior motocicleta jamais fabricada) enferrujada, enquanto consultava outras listas. Combinamos visitar o local na manhã de sábado. Eu mal podia conter minha excitação, enquanto corria em direção à sala de vendas, tipo galpão, grande, mas estreita, percorrendo rapidamente os corredores, disputando um lugar com outros eventuais concorrentes interessados, até encontrar o monte de ferrugem triste num canto ao fundo da sala.

Nada poderia me distrair: tinha de conferir a mecânica, testar os freios e verificar os pneus e as rodas. Esther, depois de ter me avistado, veio em minha direção. Ela estava um pouco temerosa de que, se a moto tivesse qualquer semelhança com «a metade» de um meio decente de transporte, eu daria um lance alto e alcançaria a compra, resultando numa variedade de peças de motocicleta espalhadas sobre nossa mesa de jantar, bem no Natal, quando toda a família se reúne em casa.

Fazia três ou quatro minutos que verificava a moto, quando avistei Esther vindo em minha direção; quando já estava próxima o suficiente para me ouvir, quis explicar-lhe as virtudes de possuir um projeto como este. Minha boca se abriu, mas não saiu nada; fiquei parado, boquiaberto, olhando através dela, ao avistar minha ex-mulher dois corredores adiante, observando alguma antiguidade ou coisa assim. Esther olhou para mim, esperando uma golfada de entusiasmo pela beleza de duas rodas, mas não o pateta mudo diante dela.

Em câmera lenta, disfarcei casualmente para sair de cena incógnito, inspecionando de perto as rodas da moto, desta vez ao nível do solo.

— E então, o que acha disso? — Esther perguntou, claramente confusa neste momento.

— Oh!, hmmm... está tudo bem! — murmurei; minhas opiniões, fortes por regra, estavam sendo totalmente sufocadas pela situação constrangedora. — Dê uma olhada para lá... a ex — murmurei em voz baixa.

— Pode repetir? — foi a resposta de Esther, não inteiramente certa se eu estava me referindo a alguma parte obscura da engenharia japonesa.

— Dê uma olhada para lá... a ex — assobiei, indicando com os olhos de uma forma pateticamente infantil.

Antes que Esther pudesse se virar, respondi com o que parecia ser uma questão perfeitamente razoável, muito mais premente do que comprar alguma moto estúpida:

— Como é que posso sair daqui?

Esther discretamente, antes de se virar para mim, avistou o alvo do meu tormento e sorriu de forma encantadora:

— Se julgar necessário, saia e espere no carro; volte quando ela se for! — sugeriu.

Sorri (acho que saiu mais uma careta) e, suavemente, realizei um hábil rastejamento militar para fazer minha retirada indigna, só parando para dar uma olhada rápida para trás, para minhas duas esposas, a ex e a atual, na mesma sala. Minha operação secreta começou a chamar a atenção de alguns membros da equipe de vendas, que devem ter pensado que eu tinha um quadro contrabandeado dentro da camisa!

Uma vez no interior do carro, que para minha sorte tinha vidros escurecidos, comecei a me sentir um pouco envergonhado com a experiência e estou certo de que alguém concordará comigo. Eu não poderia ter sido mais adulto quanto a isso? Afinal, é um mundo pequeno.

E o mais importante: o que teria feito, nessas circunstâncias, se estivesse no meu lugar? Pense nisso por um momento. Você já pensou em qual seria sua reação se estivesse nessa situação? Depois, fiquei decepcionado com minha atitude e não a repetiria agora, embora eu preferisse ter previsto a inevitabilidade de topar com minha ex antes de isto ter acontecido.

Re-começando como gostaria

Re-iniciar um relacionamento com um ex-marido ou companheiro, que apesar de incômodo pode ser necessário, exige que se reflita no assunto, tanto no longo quanto no curto prazo. Haverá sempre um período de adaptação, mas isso envolverá que saiba onde esteve, onde está agora e onde deseja estar no futuro.

Se filhos ou outras pessoas não estiverem envolvidos no relacionamento, então as chances de esbarrar com um ex-marido poderão ser esporádicas.

Se houver filhos, o contato pode ocorrer uma ou duas vezes por semana, por exemplo, por ocasião das visitas às crianças ou coisas do gênero. Embora possa ser difícil no início, se houver continuidade e harmonia, seus filhos serão beneficiados por muito tempo, tanto agora quanto no futuro. Lembre-se, o tempo é um grande remédio. Possivelmente, no futuro, os filhos vão ingressar numa universidade, casar e ter seus próprios filhos. Com certeza, tanto o pai quanto a mãe pretendem estar presentes nestas ocasiões.

Reiniciar um novo relacionamento como separados, já que espera seguir em frente, pode definir o cenário para os próximos anos. Pense sobre isso e sobre como pretende que seja esse contato futuro. Suas ações de agora podem gerar um efeito profundo na relação que terá com seus filhos nos próximos anos, por exemplo.

Talvez queira fazer algumas anotações no final deste capítulo ou no exercício a seguir.

Exercício

Pense em como gostaria de desenvolver o relacionamento com seu ex-marido no curto prazo:
Como imagina que será seu relacionamento no longo prazo?
Como informará suas ideias ao seu ex-marido, se for necessário?

Um espaço extra foi disponibilizado no final deste capítulo para suas anotações.

Muitas pessoas não se afastam muito do local de origem após o divórcio. Se for esse o caso, há alguma inevitabilidade em se encontrar com seu ex-marido nas situações mais inesperadas. Além disso, você também tem de pensar que seu eventual novo parceiro tampouco gostaria de se encontrar com ele.

Se esta for uma segunda ou terceira rodada para ambos, poderão ter em comum o desejo de não se encontrar acidentalmente com nenhum ex, independentemente de quem seja.

No entanto, a primeira vez é sempre a pior, mesmo se for pelo fato de evocar tantas lembranças.

Fantasmas na maquinaria

O incidente da sala de leilões foi um caso divertido, embora eu tenha de admitir que não parecia nem um pouco engraçado na época (e estava vidrado pela motocicleta) — mas isso levanta a questão de que alguém pode, inadvertidamente, temer visitar um lugar erigindo uma barreira fictícia devido ao medo de encontrar-se com um parceiro anterior, a menos que contatos com os filhos estejam envolvidos, como foi observado antes.

Neste ponto, você pode me chamar de covarde, e eu seria obrigado a concordar feliz por julgar merecer. Eu mesmo, provavelmente, teria me condenado. Mas por que reagi de forma tão bizarra?

Na minha opinião, o problema é que os lembretes inesperados do passado não são bem-vindos, e a abertura de um diálogo nesse sentido é suscetível de abrir velhas feridas que não necessitam de ser abertas — especialmente se podem ser facilmente evitadas. As lições de vida já foram aprendidas, mas como ocorre nas matérias escolares em que obtivemos notas altas, não há necessidade de voltarmos à sala de aula a fim de fazer uma revisão do que foi ensinado.

Até que ponto essa estratégia funciona? Você deve recomeçar a viver normalmente, e se estiver bem no lugar onde se encontra, então faça o que achar que está correto. Você não pode nem deve nunca viver à sombra de ninguém.

No capítulo dois (Um olhar sobre o passado), abordamos a questão de olhar para o passado para que seja possível seguir em frente. As ricas experiências nele aprendidas vão deixá-la numa boa posição, e, possivelmente, com um renovado senso de direção. Mas esta é a única função das memórias. Tentar revivê-las, na minha opinião, raramente funciona.

Algumas pessoas evitam radicalmente o potencial desta situação mudando-se de bairro, embora possam muito bem nele voltar por causa das crianças. Haverá sempre alguns retrocessos, mas a forma como isso a afeta se reduz às escolhas que queira fazer e a onde pretenda estar.

Em qualquer circunstância, orgulhe-se de quem você é. Somos todos diferentes, e cada um de nós tem diferentes necessidades físicas e emocionais. É vital fazer uma pausa após um relacionamento com a finalidade de pensar sobre o que deseja para seu futuro. Encontrar a paz interior é a chave para adquirir confiança para seguir em frente.

Como já sabe, manter um relacionamento é um trabalho duro. Este traz muitos benefícios, mas também muitos compromissos, e à medida que envelhecemos podemos nos sentir menos preparados para aceitar compromissos na vida. O acentuado aumento no número de famílias unipessoais no Reino Unido, nos últimos tempos, é uma indicação do desejo de muitas pessoas de ficarem solteiras. A maioria das pessoas se sente bem com esta proposta com todas as potenciais vantagens e desvantagens que esta traz.

Equilíbrio entre vida pessoal e profissional

Seu tempo de lazer ficou mais vazio em decorrência do divórcio, e é um erro comum tentar substituir este vazio pelo trabalho.

Logo após a separação, deve ser muito fácil encontrar lacunas na nossa agenda: estas teriam sido preenchidas pelas exigências de outras pessoas, mas estão agora livres. A gestão do tempo livre é importante para garantir que você tenha algum descanso, na forma que preferir.

A palavra gestão é o conceito importante aqui. Com as gerais e constantes pressões da vida sobre todos nós, é muito fácil encontrar-se fazendo horas extras no trabalho, porque não há nenhuma razão para voltar para casa, seja lá onde viva agora; porque agora está solteira e não há ninguém que a apresse a voltar para casa.

Talvez ache este comentário engraçado, porque a última coisa que você gostaria de fazer é trabalhar por mais tempo do que o necessário, mas muitas pessoas se lançam ao trabalho para se distraírem da situação pessoal.

A pressão financeira também pode fazer com que assuma um turno extra aqui, ou outro projeto mais atraente acolá, caso não precise do dinheiro. Não é raro colegas de trabalho e gestores, conhecendo sua nova situação pessoal, oferecerem-lhe um trabalho extra para «ajudá-la» a ocupar a mente com assuntos diferentes. Eu poderia sugerir que esta é uma forma de estruturar sua vida pessoal, enquanto a reorganiza. Isto poderá fornecer alguma bem-vinda renda adicional. Como você pode provavelmente adivinhar, escrever, para mim, é relaxante e catártico. Se julgar que para você também é, considere escrever como uma potencial fonte de renda passiva e uma boa maneira de gastar seu tempo livre.

Embora o trabalho extra possa parecer natural no começo, certifique-se de mantê-lo sob controle. Na pior das hipóteses, poderia achar que definiu um precedente que não é sustentável nem bom para você no longo prazo.

Procure sempre conseguir algum «tempo ocioso» para aliviar a pressão de sua rotina, e para planejar seu futuro. Muitas empresas bem-sucedidas têm líderes que trabalham «para» o negócio e não «no» negócio, na tentativa de concentrar-se sempre numa visão mais global — um traço que pode ser frustrante para os demais! Deve pensar em fazer o mesmo com sua vida, porque trabalhar durante as horas que deveriam ser dedicadas ao lazer é apenas uma solução no curto prazo.

Tendo caído na armadilha do trabalho, posso atestar o fato de que, apesar de oferecer algumas soluções imediatas, bem como estrutura num momento de turbulência pessoal, mais tarde poderá ser difícil escapar da prisão profissional que criou. Esse gerente simpático que «a ajudou» pode não ser tão simpático quando você retornar à sua vida social e quiser retomar a carga de trabalho normal.

Para quem têm qualquer dúvida, sentar-se regularmente à frente da televisão e assistir a programas ruins não é, na minha opinião, um tempo ocioso de qualidade. Você pode discordar, mas seja lá o que for fazer, divirta-se.

Encaixa-se como uma luva

Talvez, simplesmente, nunca devesse ter deixado de ser solteira — só precisava descobrir isso por si própria. Como alternativa, talvez devesse ter se casado; no entanto, de qualquer maneira, o celibato combina com você muito bem. O tempo vai permitir-lhe não só esta descoberta, mas também seu novo *eu* luminoso, do qual poderá se orgulhar.

Acostumar-se ao seu novo estado civil pode demorar um pouco, e você estará contando com a única pessoa que nunca a deixou na mão, ou seja, você mesma. Faça o que quiser, quando quiser, como quiser. Esta liberdade deve ser emocionante.

E se for inesperadamente confrontada com a perspectiva de encontrar seu ex-marido, neste caso reaja com classe e siga em frente. Ele, provavelmente, também seguirá.

Você será uma pessoa melhor por isso.

Suas Anotações

Você nasceu para ser solteira? E se este não for o caso, o que espera de um relacionamento e por quê?

Como será sua reação ao se encontrar com fantasmas de seu passado?

Se for o caso, qual o tipo de relacionamento que pretende ter com seu ex-marido no futuro, e por quê?

A Vida após o divórcio. Começar de novo.

Capítulo Nove
Igreja, casa e BuzzLightyear*

* Personagem do Toy Story, cujo lema é
«Até o infinito e mais além»

Escrever este livro fez com que eu sentisse ter alcançado o infinito, e ido além dele. No momento em que pensei ter conseguido estruturar todos os seus planos e objetivos e, assim, ter restaurado sua confiança, descobri que ainda havia alguns assuntos a abordar.

Se considerar os estágios de recuperação do divórcio cumpridos até agora, saberá que ainda falta muito, que o processo de transição é um trabalho árduo e que está cuidando da saúde — sentada no sofá, tomando vinho tinto em uma grande taça e beliscando petiscos calóricos. Novas aventuras a aguardam, mas você ainda está em recuperação — seja realista!

Durante seu progresso, novos assuntos por resolver poderão aparecer-lhe na agenda, devendo ser resolvidos concomitantemente à azáfama das questões, já vistas anteriormente, que vão aparecendo no seu dia-a-dia. Alguns deles talvez não a incomodem nem positiva nem negativamente, por causa de suas circunstâncias individuais.

Todas as etapas de recuperação do divórcio vistas até agora são *práticas*. Entretanto, possivelmente considerará os próximos pontos mais emotivos, por afetarem as áreas mais importantes de sua vida e por causarem um efeito maior.

Religião

Não sou uma pessoa religiosa, embora pensasse muito sobre religião até meus vinte e tantos anos. Sinto que não poderia escrever um livro sobre a recuperação do divórcio sem tocar neste assunto. Ao invés de falar sobre os vários setores da religião, gostaria de falar sobre o impacto que um divórcio pode provocar em sua fé contínua, bem como sobre a possível reação dos membros da congregação a que pertence a respeito de sua nova situação.

Talvez sinta que eles não tenham nada a ver com isso: que isso só diz respeito a Deus; na minha opinião, você estaria correta. No entanto, outros podem ter uma percepção diferente da situação — e se você procurar apoio e conforto dentre as pessoas de seu grupo religioso, poderá decepcionar-se muito ou obter uma ajuda fantástica. Espero que a segunda hipótese seja a correta.

É possível que queira discutir sua situação com uma pessoa mais velha, com um vigário ou qualquer outro indivíduo respeitado. Seja lá com quem for se abrir, tenha a certeza de confiar completamente nessa pessoa. Se a fé for uma parte integrante de sua vida e de suas necessidades para o futuro, procure conhecer a visão dessa pessoa em relação à sua condição conjugal.

No planejamento geral de renovação após o divórcio, poderá programar várias mudanças: de cenário laboral, social ou residencial. Talvez queira, ou precise, adicionar seu lugar de culto a essa lista de mudanças sempre crescente.

Não estou me referindo à sua fé propriamente dita, apenas ao local que escolherá para passar o tempo com Aquele em quem acredita.

Mesmo se isto não fizer parte do seu plano, se seu ex-marido frequentar a mesma igreja, não terá muita opção. Isso pode beneficiá-la, pois conhecerá gente nova, com ideias semelhantes e que partilham com você os mesmos valores. Não obstante, algumas pessoas acreditam firmemente na santidade do casamento, quaisquer que sejam as circunstâncias, e não serão capazes de aceitar sua nova situação. É possível que este seja seu maior teste de fé: assim, esteja pronta para enfrentá-lo.

Durante a leitura deste livro, talvez esta seção lhe seja irrelevante: aceito isso. No entanto, para outras pessoas este pode ser o fator mais importante para a recuperação total.

Amigos e vizinhos antigos

É muito comum que o veneno do despeito flua livremente durante o processo de divórcio e muitas palavras vis sejam pronunciadas por qualquer um dos cônjuges, apesar da presença de terceiros. Não é raro esbarrar com velhos amigos e vizinhos com os quais teve um bom relacionamento e descobrir que o conceito deles em relação a você foi prejudicado significativamente pelas opiniões de terceiros, que presenciaram o fragor de algumas cenas. Sua abordagem amigável ao cumprimentar um velho conhecido é acolhida por um «Olá» gelado e «espero que esteja bem», antes que ele se afaste tão rapidamente quanto a educação o permitir.

Esteja preparada para superar esta situação, caso aconteça. Talvez você não tenha tido nenhuma influência em relação à opinião formada a seu respeito: foram eles que perderam, não você, por mais doloroso que pareça. São eles que estão errados, não você.

Outros amigos ficarão encantados ao encontrá-la. Eles não se deixaram influenciar por ninguém e não viam a hora de reencontrá-la. Obviamente, há sempre aqueles que não podem, ou, talvez por teimosia, que se recusam a acreditar em qualquer coisa além do que lhes foi dito por outras pessoas. Estes conhecidos, você deverá ter o prazer de perder.

O divórcio é contagioso?

Uma longa pesquisa realizada nos Estados Unidos sugere que o divórcio pode ser *contagioso*. Para referência, o estudo, e sua posterior investigação, liderado pelo Professor James H. Fowler da Universidade da Califórnia em San Diego, é intitulado: *Breaking up is hard to do, unless every one else is doing it too: Social network effects on divorce in a longitudinal sample followed for 32 years* (Terminar um relacionamento é difícil, a não ser que todo o mundo o esteja fazendo também: Efeitos do divórcio num círculo social, em uma amostra longitudinal, acompanhada por 32 anos).

Isto levanta a questão: Será que os divórcios podem manifestar-se em *grupos*? Os *divórcios em grupo* são aqueles que ocorrem quando o divórcio de um casal faz com que outros do mesmo grupo social se questionem sobre suas próprias relações, gerando assim mais divórcios; como consequência, algumas pessoas ficam nervosas em manter contato com alguém que concluiu recentemente o processo de divórcio.

Você pode ter experimentado essa situação, no entanto, alguns são céticos quanto à realidade dessa possibilidade.

Ajuste

Seu recomeço está indo bem. Você sobreviveu à perda de um parceiro e, talvez, de uma família; este é o momento ideal para estar aberto a novas oportunidades, por mais difícil que seja acreditar. Seu lazer também vai mudar, se explorar novos passatempos que pode não ter considerado durante anos. Como a contracapa deste livro sugere, «é hora de explorar».

Isso pode ser feito por conta própria ou com um novo companheiro: espere conhecer lugares e novas atividades inimagináveis no passado.

Após meu segundo divórcio, conheci e, mais tarde, fui morar com minha terceira mulher, Esther. Esta foi uma experiência agradável, mesmo com as noites que passávamos em claro — não pelas razões que esperávamos —, mas em virtude do dinheiro extremamente apertado e da criatividade necessária para equilibrar nosso orçamento!

É interessante ajustar seu próprio estilo para acomodar um novo alguém em sua vida. Posso entender que muitas pessoas, por sentirem-se tão pressionadas com essa mudança, decidam não ser flexíveis o suficiente para assumir o compromisso de conviver com alguém novamente. Talvez por não enxergarem o benefício oferecido pela coexistência, ou por estarem tão marcadas por relacionamentos passados, não ousem arriscar a angústia de uma potencial separação no futuro. Ou talvez seja por mera teimosia.

Cada pessoa conhece seus sentimentos mais íntimos, e vale a pena ser honesta consigo mesma a respeito deles.

A casa que Esther e eu alugamos estava à altura das nossas condições financeiras relativamente escassas, proporcionando-nos estabilidade para repor e reavaliar nosso futuro, juntos ou separadamente. Na minha opinião, devemos muito a esta estabilidade. Após morarmos nesta casa por 18 meses, mudamo-nos para outra também alugada (que acabou por ser um passo errado), e então adquirimos nosso próprio ninho.

Uma mudança para uma casa nova, seja comprada ou alugada, exige muito tempo, esforço e, normalmente, um monte de dinheiro. Destes, não é o dispêndio financeiro que me preocupa mais, mas o custo da energia e do tempo, especialmente na fase de recuperação do divórcio.

Corro o risco de ser repetitivo, mas insisto assim mesmo: você está sempre gastando duas coisas: uma é o tempo, a outra é o dinheiro. Isto é importante porque o dinheiro perdido pode ser recuperado ao longo do tempo com um pouco de foco fiscal, mas o tempo, nunca mais. A vida nos apresenta muitas situações e pessoas que terão prazer em *roubar* nosso tempo sem oferecer-nos nenhum benefício em troca. Chamo-as de *ladrões de tempo*; lembre-se desse conceito quando conhecer alguém e perguntar-se porque cargas d'água está nesta situação ou, mais preocupante ainda, o que está fazendo na companhia dessa pessoa.

Imagine que seu tempo seja uma conta bancária. Digamos que alguém tenha encontrado sua senha e retirado umas centenas de reais sem lhe pedir permissão. Você deixaria por isso mesmo? Acredito que não. Assim, considerando seu *banco de tempo*, por que deixá-los ter suas senhas de acesso para consumir seu precioso tempo? Seu tempo é tão valioso quanto seu dinheiro.

A estabilidade, tanto de moradia quanto de emprego, oferece uma oportunidade de dispormos de um tempo pessoal para pensar sobre o que esperamos do futuro antes de fazermos quaisquer alterações. Com Esther dando-me apoio e ajuda, tanto física quanto financeiramente, decidimos, após um ano de contemplação, montar nossa própria empresa, como foi observado antes. Muito do nosso tempo livre foi gasto tramando, planejando e indagando sobre todos os assuntos referentes a negócios em geral. Porém, só nos foi possível obter tempo para alcançar tudo isso porque já não estávamos vagando de um lugar para outro. No entanto, nosso orçamento era ainda incrivelmente apertado.

Se você pensa sobre a estabilidade que pretende ter no futuro, esta pode referir-se a várias situações e circunstâncias. Qual a impressão que tem a respeito delas?

Exercício

O que significa estabilidade para você?
Onde essa estabilidade estaria?
Por que a estabilidade é importante para você?

Um espaço extra foi disponibilizado no final deste capítulo para suas anotações.

Higiene Mental

Esther e eu decidimos nos dedicar a alguns *hobbies* novos que provavelmente não teríamos considerado, tanto pela falta de tempo nos relacionamentos anteriores, como por não terem sido uma opção no passado.

No colegial, ambos tínhamos optado por estudar Arte num nível avançado, e desde que nos formamos nunca mais frequentamos cursos referentes a esta matéria. Então, juntos, começamos a frequentar um curso para adultos, uma noite por semana, próximo de onde morávamos, onde fazíamos pequenas peças de bijuteria de prata. Este curso nos proporcionava muitas vantagens, apesar de que, na época, o sufoco para não chegar atrasado numa segunda-feira, quando chovia a cântaros, não era algo que ansiasse.

Todavia, foi um verdadeiro processo terapêutico. Graças ao curso, conseguimos obter algum tempo pessoal no nosso calendário semanal para criar algo e permitir que nossos cérebros lidassem com uma coisa completamente diferente do nosso mundo empresarial rotineiro. As aulas não eram caras, conhecemos gente nova para compartilhar novas ideias, experimentamos novas técnicas artísticas em «prataria» e, no caminho para casa, costumávamos tomar uma cerveja com os colegas.

Minha semana ocupada e estressante ganhara uma pausa para «higiene mental», em que se permitia deixar a imaginação vagar sem medo da interferência do mundo exterior. Mesmo um relaxamento breve, num momento estressante da vida, não pode ser valorizado demais.

Fabriquei uma peça de design de prata baseada no movimento dos planetas e satélites. Chamei-a de *Wishing on Space*

Hardware (Anseios de um Mundo Virtual), inspirado na letra da música *A New England* da falecida Kirsty Mac Coll. No canto, a peça tinha uma ilustração do todo sorridente patrulheiro *BuzzLightyear*, do filme *Toy Story*, num pano de fundo de estrelas. Como a personagem de ficção sugere, «até o infinito e mais além» (*to infinity and beyond*) pode ser uma aspiração perfeitamente razoável, embora tenha a certeza de que ele sonhava com algo maior do que uma aula de ourivesaria durante um inverno úmido e frio.

Além disso, Esther e eu decidimos tomar aulas de mergulho. É certo que bem mais tarde, admito — só depois que o orçamento o permitiu —, mas foi outro exemplo de algo completamente diferente que nenhum de nós havia experimentado antes. Memórias de nossos relacionamentos anteriores não eram evocadas: era algo só nosso.

Será que esse último ponto importa? Com certeza, nos proporcionou uma dimensão totalmente nova e fresca para compartilharmos. Preparamo-nos juntos para obter as várias certificações: agora ambos estamos aptos para nadar nas profundezas do oceano e para ver mais do mundo sob uma perspectiva completamente diferente, uma de que gosto muito. Admito meu nervosismo, se os tubarões são maiores do que eu, especialmente quando estão ao meu redor a mais de 30 metros de profundidade no mar. Sei que só há motivo de preocupação quando começam a se *encostar* em nós.

De volta à escola?

Sua oportunidade não se limita às atividades de lazer. Compreendo que *estudar* pode lhe soar como uma doença, mas um retorno à educação pode ser uma boa ideia. Você pode fazer um curso ou estudar algo que se adeque ao seu novo *eu*.

Essa ideia em nada me agradou por nunca ter sido acadêmico na escola. No colegial, passava raspando: só conseguia notas altas nas matérias relacionadas às artes. Diverti-me muito na escola, aprendi pouco, embora os quadros que pintei fossem bons: ainda tenho alguns para prová-lo; depois, fui batalhar no mercado de trabalho.

Após meu divórcio, depois de ter pesquisado, comprometi-me a voltar a estudar: matriculei-me num curso à distância e, dois anos mais tarde, formei-me em Finanças. Só no último ano descobri que teríamos nota de aproveitamento; por acaso, a minha foi alta. Isso certamente me proporcionou uma grande sensação de realização, além de ter me revelado que eu gostava de escrever. É por isso que, nesse momento, você está lendo o terceiro livro d'*As Crônicas de Churchouse*.

Além disso, aos trinta e poucos anos, eu sabia o que queria fazer, no que era bom e, o mais importante, do que gostava. Você pode fazer o mesmo da maneira que melhor lhe convenha.

Faça um Supletivo, obtenha um diploma ou uma pós-graduação. Aprenda um idioma ou a tocar um instrumento; ou, ainda, pratique um esporte. Muitas pessoas acham que a redescoberta de um antigo *hobby* ou de um instrumento musical pode ser muito inspiradora.

Estes são apenas alguns exemplos das diversas atividades, *hobbies* e passatempos que podem ser considerados em sua nova vida. Talvez o som de nenhum deles lhe agrade, o que seria natural. No entanto, pense em algo que sempre quis fazer ou que lhe dava prazer quando era mais jovem. Será que isto reacende um fogo apagado pelas pressões anteriores da vida?

Saberá o que é certo para você. Não tenha a ilusão de que vai preencher seu tempo rapidamente; assim, aproveite ao máximo todos os momentos disponíveis que tiver para pensar. Poderá optar por praticar motociclismo, escrita, música, pintura, ginástica; você decide. Seja qual for o passatempo escolhido, certifique-se de proporcionar a si própria essa libertação, a sua própria *higiene mental* para relaxar, deixar a mente vagar e descobrir mais sobre si mesma.

Quão longe poderá ir?

Mudanças, mudanças

O *reality show* da televisão britânica, *Relocation, Relocation* (Mudanças, mudanças), advoga os benefícios de uma mudança geográfica planejada e, de forma sensata, tenta destacar os perigos que envolve. Como demonstrado na pesquisa de Holmes & Rahe, mencionada no capítulo quatro, Estresse, uma mudança de casa e um divórcio têm a maior pontuação no *ranking* dos eventos mais estressantes na vida de qualquer pessoa, juntamente com o luto e uma mudança de emprego. Algumas pessoas veem o divórcio como uma perda, de qualquer maneira; embora não exista realmente uma morte, é provável que algo tenha murchado dentro do coração de alguém e que algumas memórias tenham sido colocadas de lado.

A qualquer momento, quando os sonhos do passado são frustrados, é bom concentrar-se mais uma vez em novas aspirações — possivelmente, num novo local, quem sabe numa nova *encruzilhada da vida*?

Talvez prefira não pensar sobre isso logo após seu divórcio. Mas, por que escolheu morar nesse lugar? Será que os motivos ainda são válidos?

Para algumas pessoas, o local da antiga casa sempre foi uma questão de conveniência. Poderia ter sido pelo fato de ser um ponto equidistante entre dois locais de trabalho: cada esposo tinha a mesma distância a percorrer para se deslocar todos os dias. Dê uma olhada nas hordas que enfrentam diariamente o pesado trânsito nas grandes cidades, utilizando os transportes públicos ou carros particulares: você perceberá rapidamente que qualquer lugar que permita que você chegue ao local de trabalho em uma hora de viagem pode ser potencialmente seu novo endereço.

Sua antiga casa, tanto tempo atrás, foi uma *opção sua*? Será que agora gostaria de corrigir essa questão — sujeita a facilitar um acesso adequado para as crianças, se este for um fator em suas circunstâncias?

Esta *encruzilhada da vida* lhe dá a oportunidade de rever a escolha do local, seja para rejeitá-la ou para chegar à conclusão de que ainda é a adequada. Este é seu recomeço, e uma mudança de cenário pode ser exatamente o que o médico lhe prescreveu.

Se por acaso trabalhar para uma grande empresa, considere solicitar uma transferência. Poderia isto implicar uma ascensão profissional e seu empregador, inclusive, ajudar no custo da mudança? Além disso, uma transferência também poderia permitir que seu empregador a visse sob uma nova luz, por ter demonstrado flexibilidade para trabalhar em outro lugar; esta atitude talvez fizesse sua carreira e seu salário subirem. Naturalmente, isto teria de depender de outras questões, como por exemplo, a possibilidade de levar seus filhos, ou o futuro contato com eles.

Falando de custos de mudança, esta oportunidade pode ser realisticamente restringida pelo orçamento. Por outro lado, talvez precise mudar-se para uma área que seja mais econômica, por causa dos custos da pensão (ou de seu baixo valor, se for credora) ou da perda de capital decorrente do *processo de divórcio*.

Em clima de recessão, os critérios de financiamento de casa própria apertaram e a capacidade de concedê-lo pode ser reduzida. Prepare-se para uma ironia ainda maior quando sua capacidade para pagar as prestações de sua futura casa própria for calculada. Alguns bancos deduzirão suas despesas fixas antes de calcular o valor que você pode tomar emprestado, possivelmente limitando o tipo de bens disponíveis para você. Além disso, se estiver *recebendo* pensão alimentícia, não pense que esta será automaticamente incluída no limite do seu orçamento quando o credor estiver calculando sua capacidade financeira.

Devido a esses fatores, talvez seja interessante verificar imediatamente quais são os requisitos para a obtenção de financiamentos, a fim de compreender sua posição individual.

Tendo considerado todos os prós e os contras que são importantes para você, se decidir mudar-se para uma nova área, terá as opções de comprar ou alugar. A maioria das pessoas terá o prazer de partilhar opiniões sobre este assunto com você. Porém, é importante lembrar-se de que este é seu caminho individual para recuperar-se do divórcio, e de mais ninguém.

Caso não conheça bem a região para a qual pretende mudar-se, antes de comprar, considere alugar um imóvel por seis meses ou mais para entender os pontos positivos e negativos, além de dar-se um tempo para perceber que lugar será melhor para você. Os fatores a considerar podem incluir a proximidade do trabalho, comércio e serviços, escolas e faculdades, bem como a distância que ficará do restante da família.

Sua escolha pode ser motivada pelo lucro: uma tentativa de conseguir uma possível valorização do imóvel para aumentar seu patrimônio. Você sabe o que quer alcançar, então não se apresse a tomar uma decisão da qual poderá arrepender-se. Erros em relação à propriedade são geralmente caros, especialmente se decidir mudar-se de novo num curto espaço de tempo.

Viver numa casa alugada também apresenta aspectos negativos. Significa «carregar» seus pertences para lá e para cá, eventualmente, numa rápida sucessão. Isso pode fazer com que algumas pessoas se sintam como se estivessem vivendo no interior de uma caixa. No entanto, a vantagem é que lhe dá a flexibilidade de pesquisar e descobrir novas áreas possivelmente desconhecidas antes de se mudar.

Nem todas as pessoas têm a possibilidade de realizar uma mudança de casa, todavia, para muitas isto oferece uma boa oportunidade de distanciar-se do passado. Toda experiência enriquece seu conhecimento, que pode ser usado para melhorar sua própria situação no futuro. Mudar-se de casa também fornece para alguns a segurança de poder caminhar na rua sem o medo de topar com o ex-marido, ou um parente dele, que agora também é ex para você. Este fator pode ser ainda mais relevante, se estiver num relacionamento crescente com um novo alguém e não quiser trazer bagagens do passado que possam obstruir-lhe o caminho neste capítulo emocionante de sua vida.

Tudo nos leva a considerar como conseguirá tempo para criar uma nova rede social, se é isso o que quer.

Ladrões do Tempo

Ter a privacidade invadida é pelos menos irritante, não importa como aconteça. Se os responsáveis são membros de sua própria família, você pode ficar enfurecida, por mais bem intencionados que estejam.

Você sabe perfeitamente bem que seus pais desejam desfrutar da natural afeição para com os netos e ter a oportunidade de influenciar-lhes o processo de crescimento, transmitindo-lhes mais sabedoria do que o fizeram a você no passado. Cuidado com os sinais de alerta, se isso se tornar esmagador.

A família e os amigos próximos saberão que você está em recuperação após uma morte ou um divórcio, enfrentando os problemas sozinha. Você pode naturalmente ser grata por alguma ajuda — mas proceda com cautela.

Se você tem crianças, especialmente bem pequenas, a oferta de ajuda e apoio pode ser muito bem-vinda e, num momento emocionalmente difícil, inestimável. Amigos vão querer «cuidar delas» ou «levá-las para casa», enquanto você resolve os problemas.

É importante lembrar-se de que reconstruir sua vida deve incluir seus filhos, que a acompanharão nessa viagem. São seus filhos afinal de contas. É muito natural que seus pais ou outros familiares bem-intencionados interfiram em seu precioso tempo, controlando, por exemplo, o resultado do seu fim de semana, da saída noturna ou — pior — das férias!

Isso pode implicar que eles apareçam em sua casa, avisando em cima da hora que pretendem fazer um programa *bacana* com seus filhos e você; ou talvez levá-los de férias ou, ainda, pedir-lhe que leve as crianças para casa deles. Isso pode ser-lhe útil no momento, mas essa iniciativa envolve levarem seus filhos para longe de você. É seu papel garantir que esses arranjos se encaixem na sua própria expectativa de como será o futuro para você e seus filhos, caso contrário esses prestativos membros da família poderão tornar-se *ladrões de tempo*.

«O roubo do tempo» precisa ser controlado na fase inicial do processo de recuperação do divórcio. É fácil para qualquer um não só esquecer os limites de um relacionamento, mas também violá-los e redefini-los num momento que não mais lhe convenham.

Você pode não ter percebido que seus limites pessoais mudaram, por estar agindo individualmente. Quais eram seus limites antes de se tornar uma mulher divorciada? Eles foram definidos por seu ex-marido ao longo do tempo? Se este foi o caso, então você pode querer fazer uma atualização mental rápida quanto à sua ética e convicções, para que se adaptem a você e ao seu novo estilo.

Esta situação pode ser agravada, se você só se encontra com seus filhos em fins de semana alternados.

Você vai buscá-los depois do trabalho numa sexta à noite e os leva de volta no domingo à tarde; isso significa que terá cerca de trinta e seis horas para reconectar-se com seus entes queridos. Interrupções deste tempo precioso têm de ser lidadas com cuidado, especialmente nas fases iniciais de recuperação, enquanto seus filhos também estiverem tentando se adaptar a este novo regime de contato limitado. Nada disso acontece naturalmente no começo.

O tempo que vocês têm para passar juntos é tão precioso para eles quanto para você: eles podem ter esperado ansiosamente por duas semanas para dizer-lhe o que vem acontecendo em suas vidas. Pense sobre isso com cuidado e certifique-se de que terão tempo de pôr suas vidas em dia de forma adequada.

Um golpe significativo, capaz de dificultar sua recuperação, é a perda do contato com seus filhos por um motivo qualquer. Um documentário da BBC, de 2010, *Who Needs Fathers? The Right to Be a Dad*, (Quem precisa de Pais? O Direito de Ser Pai) apresentou estatísticas detalhadas sobre os pais que perdem o contato com os filhos (cerca de 40 por cento): isso geralmente acontece num prazo de dois anos após a separação.

Você deve levar em conta a mudança de seu estilo de vida e das circunstâncias, bem como a de seu ex-marido, que provavelmente também seguiu em frente. Considere guardar algumas fotos da família para que, em caso de separação, você tenha algo para lembrar-se deles até que — esperamos — os reencontre novamente quando os filhos chegarem à idade adulta. Os ladrões de tempo chegam quando menos se espera, e você precisa estar preparada. Você pode dizer firmemente desde o início: «*Não!*»; no entanto, se a ajuda que oferecerem puder lhe ser útil no futuro, talvez não queira morder a mão que está tentando ajudá-la. Isso significa ser egoísta? É a sua jornada, e, na fase de recuperação, o egoísmo é bom.

Em alternativa, se estiver prestes a dar algum espaço para que os *bandidos de tempo* lhe sejam úteis, estabeleça então alguns parâmetros, tais como o tempo disponível e quando irão embora. Uma forma fácil de contornar a situação é visitá-*los* primeiro, ganhando o controle sobre a hora que vai sair. Terá de ser um pouco dura, e se eles se importam mesmo com você, não gostariam certamente de permanecer mais tempo do que o esperado. Eles compreenderão que você precisa de espaço para pensar, ver outras pessoas, estar sozinha com seus filhos e descobrir por si mesma aonde pretende chegar.

Por outro lado, talvez só precise de tempo para si mesma para chorar ou sentir raiva: estas reações fazem parte do processo de luto e de recuperação. Talvez isso lhe evoque o capítulo três, quando nos referimos à *sinalização emocional*. Estas são fases perfeitamente naturais e é improvável que seja capaz de seguir em frente com sucesso sem dizer adeus ao passado e aceitar suas consequências.

Isto pode soar um pouco banal após a batalha que você acabou de travar ao divorciar-se — mas é normal que haja *algumas* boas lembranças, emoções e horas das quais sentirá falta. É preciso pensar nelas e aceitá-las antes de guardá-las e seguir em frente. Isso tudo faz parte do processo de cura e recuperação.

Os *ladrões de tempo* estão por toda a parte, prontos para assumirem uma fatia de sua vida, se desde o início você não lhes impuser seus limites. Prepare-se para obter o melhor proveito deles na sua situação. As pessoas que a amam compreenderão; caso não compreendam, nem vale a pena conhecê-las, em primeiro lugar.

Felizes para sempre

Ao contrário dos contos de fada infantis, a vida não costuma ter um final feliz. Você já sabe disso nessa altura do campeonato, e espero que esteja pronta para isso. Este capítulo tem se concentrado em alguns dos aspectos mais obscuros e, possivelmente, emotivos da recuperação do divórcio, que podem não ter sido logo detectados em seu radar.

Este é apenas um gostinho do que precisa considerar. Você verá alguns desses pontos surgirem durante sua recuperação, de uma forma ou de outra, e mesmo assim terá de continuar gerindo suas expectativas enquanto segue em frente.

A chave aqui é preparar-se para os desafios que virão, bem como estar disposta a mudar suas pretensões para o futuro em tudo em que estiver envolvida. Substitua a palavra «grupo» por «clube» ou «equipe», e a localização «Centro de São Paulo» para «Zona Sul do Rio». Com base no que foi apresentado neste livro, quaisquer que sejam os detalhes que você mude para se adequar à sua própria experiência, o significado e as mensagens permanecem. Enquanto você puder considerar estas «rugas», sua recuperação continuará no caminho certo.

Faça o que fizer, *dê um tempo para si mesma*. Esta recuperação do divórcio é sua e de mais ninguém. É um momento especial, embora possa não o parecer agora.

Suas Anotações

O que você nunca fez antes e gostaria de fazer agora? Qual é sua motivação?

_____

_____

_____

_____

_____

_____

_____

_____

_____

_____

_____

_____

Como vai gerir seu tempo para realizar o que pretende?

_____

_____

_____

_____

_____

_____

_____

_____

_____

_____

_____

_____

Capítulo Dez
A oportunidade bate à porta

Opportunity Knocks (A Oportunidade Bate à Porta) foi o primeiro show de talentos da TV britânica. Seu apresentador era Hughie Green, dos estúdios de televisão *Thames:* o inglês que se lembra dele não precisa confessar a idade, deve ser contemporâneo da brasileira que não perdia a série *Malu Mulher.*

Agora que já entrei nos «enta», tenho uma vaga lembrança de Hughie apresentando este show na TV. Em 1978, quando o programa saiu do ar, eu tinha apenas dez anos. É evidente que a mania de revelar novos talentos não poderia ter acabado, e o show foi reintroduzido pela BBC duas vezes: entre 1987-1989 (com Bob Monkhouse) e em 1990 (com Les Dawson). Este show original de talentos tem sido substituído por réplicas movimentadas de entretenimento noturno.

Menciono esse programa, não devido ao seu formato, mas pelo seu nome sugestivo: *Opportunity Knocks* (A Oportunidade Bate à Porta).

A oportunidade bate à porta para todos nós, todos os dias de nossas vidas e em tudo o que fazemos. A maneira como atuamos no jogo determina nossa vitória. Infelizmente, no nosso dia-a-dia não há grandes prêmios em dinheiro nem automóveis ou lanchas a serem disputados. E, como diria Hughie Green: «*E o digo com toda a sinceridade!*» («*And I mean that most sincerely!*»).

Parece que o amor que o público do Reino Unido tem por shows de talento não diminuiu. Um exemplo é o programa que passa atualmente no horário nobre da televisão britânica, Fator X. Os participantes vêm de longe, vestidos para arrasar, para exibirem seu talento, errando algumas vezes — e divertindo-se com isso —, para passar à próxima rodada sendo julgados principalmente por aqueles que os rodeiam.

Espere um minuto! Isso soa um pouco como todas as nossas ações como indivíduos em nosso dia-a-dia, quando interagimos com todos ao nosso redor — seja em relação ao casamento, divórcio, emprego, círculo social ou outras comunicações pessoais. É só uma questão de sermos *descobertos*.

Com relação ao seu próprio desempenho, onde o palco é só seu, tenho a certeza de que vai esforçar-se para identificar seu alvo particular; vai ensaiar para ser amigo, colega, parceiro ou cônjuge, ocasionalmente, fazendo um papel ridículo, vencerá a rodada com o que a sua personalidade e carisma tem de melhor, passando para a fase seguinte, refinando-se quanto mais subir ao topo.

A vida como num show de talentos

Isso levanta a questão: será a vida um grande show de talentos? Bem, a resposta é sim!

Você escolhe seu traje (pode ser um terno, uniforme ou macacão), assume a *postura* mais polida possível, a fim de transmiti-la na forma desejada, e espera que o público alvo aprove. Caso sua pontuação seja baixa, voltará mais vezes até que o painel que escolheu para julgá-la lhe atribua a nota máxima.

Na realidade, a maioria de nós não está fazendo isso para as câmeras ou para buscar fama e fortuna, mas para encontrar o amor, a paz, a felicidade e algum sucesso.

Nossa vida profissional, na atualidade, é totalmente centrada no desempenho. O sucesso é julgado menos pelo esforço dispendido do que pelos resultados finais. O passado é importante pois nos orienta para o futuro; mas nos negócios, como na maioria das situações da vida, todos esperam um progresso imediato.

No capítulo cinco, examinamos a mudança e seus efeitos ao longo de algumas páginas. A mudança é uma coisa extraordinária, se a direção e o resultado forem controlados. E lembre-se de que não há necessidade de que seja um grande salto: às vezes, um ajuste sutil é suficiente.

Você já deve ter pensado sobre o que deseja alcançar neste novo segmento de sua vida. Já sabe que na vida costuma gastar duas coisas: o tempo e o dinheiro. Um é tão valioso quanto o outro, por isso gaste-os com sabedoria. O drama pelo qual acabou de passar pode fazer parte de uma série de situações; terá de lidar primeiro com ele para conquistar o crescimento.

Como você já sabe, passei pelo processo de divórcio duas vezes. Quando me casei, realmente esperava que não fosse me divorciar. Como sabe também, após dois divórcios, uma nova era começou na minha vida. Preencheram-se os vazios, efetivaram-se as aceitações, alteraram-se as expectativas e reorientaram-se os sonhos. Tudo levou tempo, e acredito que o resultado tenha valido a pena.

Agora é sua vez de realizar um exame de consciência, fazer um curativo, curar os eventuais cortes e contusões emocionais sofridos — e esperemos que não sejam lesões físicas —, e andar com sua vida para frente, para a próxima fase emocionante.

A próxima etapa de sua vida também é uma fase. Haverá muitas outras durante o curso de sua jornada e recuperação. Assim como os capítulos deste livro, cada fase é diferente, podendo ocorrer sete, oito ou dez tipos diversos de «capítulos» de mudanças em sua vida, quer esteja sozinha ou acompanhada. O escritor e ecologista social, Peter F. Drucker, afirmou certa vez o seguinte sobre mudança: *«Não é possível administrar a mudança. Só é possível ficar à frente dela.»* (*«One cannot manage change. One can only beahead of it.»*).

Ao conduzir sua própria vida, é necessário saber em que página está, para ter certeza de que pode gerenciar seus resultados e avançar para as páginas e os capítulos seguintes.

Basta lembrar-se de fazer algumas anotações durante o percurso, porque sua recuperação individual será diferente da minha e de todas as pessoas, e você não pode folhear os capítulos de sua vida sem ser fiel a si mesma.

Controle de humor

Alguma vez já pensou em escolher seu humor?

Em algumas manhãs, você acorda pensando que o mundo é um lugar maravilhoso e que a vida está a seu favor hoje. Em outros dias, sai da cama do lado errado, no meio da escuridão, mesmo estando no auge do verão, como se o próprio Lúcifer tivesse se tornado seu melhor amigo durante a noite.

Os efeitos da rejeição ou obsessão podem fazer com que se esforce para encontrar seu bom humor; esta é outra fase que será superada com o tempo. Se se aplicar, conseguirá treinar e controlar seu humor, escolhendo um dentre uma variedade de opções positivas. Você pode pensar que isto é um pouco simplista: na verdade, isto é fácil para alguns e, para outros, impossível.

Pense em como foi o dia de hoje para você até agora. Como se sentiu esta manhã ao acordar? Seu humor se formou em torno desta primeira impressão ou mudou ao longo do dia? Foi você quem controlou essa mudança? Se for o caso, como o conseguiu? Você seria capaz de repetir este controle todos os dias, mesmo nos mais difíceis?

Por favor, espero que sua resposta seja *sim!* É possível: é só uma questão de tentar.

Pensando no dia que teve hoje enquanto lê este livro, correu da forma como esperava? E se não, o que mudaria?

Exercício

Como estava seu humor ao acordar esta manhã?

Esse humor mudou? Por quê?

Se pudesse repetir o dia de hoje, o que faria diferente?

As respostas dadas poderão ajudá-la amanhã de manhã?

Um espaço extra foi disponibilizado no final deste capítulo para suas anotações.

O trabalho do pintor Picasso passou por várias fases — incluindo as famosas «cubista» e «azul» —, cujos nomes se devem às cores ou aos temas usados enquanto ele vivenciava as experiências e estados de espírito de sua vida, incorporando-as em forma de arte. Estudos sugerem que pintava em meio a uma vida tumultuada, pontilhada por situações extremas devido a doenças, amores, ou mesmo mudança de parceiras ou de locais. Mas cada fase reflete a alteração das circunstâncias ou estados de espírito pelos quais o artista passava.

Durante sua recuperação do divórcio, as virtudes do seu ex-parceiro, que na fase anterior de sua vida tanto a atraíram, podem ter sido entorpecidas pelo tempo, pela angústia e pelas brigas. As contas dos advogados só pioraram a situação. Isso tudo ficou para trás agora, embora essas lembranças ainda estejam vivas, podendo permanecer na memória por algum tempo.

A nova fase emocionante de sua vida já começou, e cabe a você planejar seu caminho. Até agora, já cobrimos sua recuperação com alguma profundidade, bem como os pontos que terá de considerar para fazer isso acontecer. Isso vai levar tempo, e não há pressa, a não ser que *sinta* que há urgência: isso é com você.

Uma vez não deu certo para você, mas isso é apenas uma lembrança distante. Aconteceu no passado. Isso não significa que não tenha aprendido algumas lições com o ocorrido. A experiência a deixará emocionalmente mais sábia e (talvez) mais pobre numa perspectiva financeira. Você vai acertar no futuro e já pode prevê-lo.

Você se recuperará com o tempo. Encontrará a paz de novo, embora talvez tenha de descobrir o que a *paz* significa para você; quando encontrá-la, espero que sorria. Tudo isso exigirá de você esforço e vontade de fazer o melhor nesta fase da vida.

Reflexão

Nosso tempo juntos durante este livro foi de reflexão, planejamento e expectativa de um futuro melhor. Ou pode considerá-lo também como uma verificação da realidade de sua vida nova. Esse tempo deve ter-lhe permitido concentrar-se na necessidade de definir alguns objetivos positivos a alcançar, a fim de ajudá-la a atingir novos níveis de satisfação pessoal e de confiança interior. Quais as metas que escolheu?

Detalhei anteriormente como qualquer alvo definido poderá ser alcançado: anote-os com detalhe numa tabela para acompanhar seu progresso em relação ao processo de decisão e às suas ações. «*Faça algo que a assuste todos os dias*» como, tanto Esther em seu Prefácio, como eu já sugerimos; é sempre um bom desafio.

Aqui estão dois exemplos de como saí da minha zona de conforto: completar a corrida de 16 quilómetros, *Great South Run*, em 2008 — embora reconheça que tenha sido um tanto lento — e participar de sessões de autógrafos em livrarias — também uma experiência assustadora para mim. Se estiver vivendo dentro de sua zona de conforto, pode estar em rota de colisão com a mediocridade. Não há nada de errado com isso, se é o que deseja, mas você sabe que pode alcançar mais — e agora possui as ferramentas para fazê-lo. Como é que vai sair de sua zona de conforto?

Nasci com Espinha Bífida: por isso sempre apoio associações beneficentes dedicadas à Espinha Bífida e Hidrocefalia (no caso do Brasil, a Associação de Espinha Bífida e Hidrocefalia do Rio de Janeiro), conforme consta na contracapa dos meus livros. Na minha percepção, essa condição fez de mim um azarão desde o início. Minha impressão da vida era que eu tinha de trabalhar mais do que os que me rodeavam apenas para emparelhar com eles. Agora percebo que esse não era realmente o caso, no entanto, meus pensamentos equivocados me proporcionaram uma vida com realizações muito maiores do que se eu tivesse tomado uma atitude mais *laissez-faire* para cada obstáculo que me foi arremessado pela vida.

Admito que a desvantagem desta visão de vida seja a de nunca estar verdadeiramente satisfeito com o resultado, por melhor que ele seja, porque sempre resta uma dúvida irritante sobre se poderia ter feito melhor. No entanto, isto me permitiu ser quase sempre criativo, enquanto me fornecia energia para cumprir meus objetivos.

Quanto a você, o que realizou e o que planeja fazer?

Esse novo olhar pode ser aplicado a tudo o que fizer e a todos os objetivos que pretenda alcançar. Assim, neste momento de reflexão, considera provável que os alvos que definiu realmente aconteçam?

Você se conhece e, mesmo com um divórcio — tenha ele provocado uma libertação ou um contratempo —, sabe quem deseja ser no futuro. No íntimo, nunca perdeu suas virtudes; saiba que seu ex-marido nunca admitirá estar arrependido de tê-la deixado partir. As lições de vida que superou vão apoiá-la e mantê-la estável.

Para mim, a experiência de escrever este livro foi uma reflexão feliz. O entusiasmo com que meus contatos se envolveram na minha pesquisa simples foi inspirador, devido à energia que apresentaram na forma de seguir em frente. Gostaria de agradecer-lhes pela contribuição — e eles sabem quem são.

Seus pontos de vista realmente adicionaram uma perspectiva diferente em relação aos resultados efetivamente alcançados no livro.

É verdade que eu previra que a pesquisa concluiria a dificuldade da transição, apresentando histórias tristes. O que eu não esperava era a energia pura e iluminada sentida por todos os pesquisados. E eu me refiro a *todos* eles: a libertação e a capacidade de se reencontrarem me deram a segurança de que o propósito de escrever este texto para compartilhar com você valia a pena.

Nova sabedoria

Consideramos anteriormente as razões pelas quais os ambientes em que crescemos influenciam nossas visões do futuro. Claro que seu antigo parceiro e a bagagem que você carrega desta união terão um efeito sobre seu pensamento, mas espero que tenhamos sido capazes de separar esta influência, para permitir-lhe ver qual o conhecimento útil e o que pode ser «armazenado» nesta fase.

Qualquer conhecimento é válido, é apenas uma questão de quando e como aplicá-lo. Esta sabedoria tem o poder de dar-lhe compreensão e paz interior. Certifique-se de usá-la como vantagem à medida que se adapta à nova vida que criou para você mesma. Você poderia argumentar que a «vantagem» de seu divórcio foi a de ter-lhe ensinado muito.

Uma forma de se desiludir é *não* utilizar esta experiência para melhorar suas perspectivas e seu sucesso. Se você se lembra de meus pensamentos a respeito das «encruzilhadas da vida», na introdução deste livro, saberá onde esteve, onde está agora e as direções nas quais poderá seguir. Usar sua sabedoria para guiá-la significa que fez as escolhas certas.

Você terá de considerar também que a recuperação de seu divórcio nunca vai parar: só vai desenvolver-se e evoluir ainda mais, e com um número maior de *encruzilhadas da vida* ao longo do caminho. Como exemplo, se pensar sobre os anos que vêm aí, no primeiro ano saberá onde pisa e como equilibrará seu orçamento financeiro. No ano seguinte, poderá tentar expandir seus horizontes em todas as frentes, tendo passado o anterior avaliando «o terreno» em que o divórcio a deixou. No terceiro ano, poderá realizar mudanças físicas e emocionais, quer esteja acompanhada por pessoas novas, quer esteja envolvida com novos passatempos ou compromissos de trabalho. Este não será o caso, se você deixou seu marido ou parceiro por outra pessoa, embora isto não signifique que seu percurso de desenvolvimento seja interrompido.

É quase como um plano empresarial, cujo objetivo é impulsionar a linha de produção bem como acrescentar recursos novos e melhorados para o processo de produção global.

Após alcançar um grau de recuperação maior (como aconteceu comigo), você pode muito bem ter condições de compartilhar suas experiências com outras pessoas que necessitam de ajuda. Sei de muitos pais que treinaram filhos e parentes (cujos pais eram divorciados ou não) durante o labirinto de recuperação. Acho que, para alguns, significa voltar ao tempo em que os filhos eram crianças, e re-ensinar-lhes as virtudes da vida e os limites, que estão lá para serem explorados.

Esta nova sabedoria encontrada pode ser útil aos outros, mesmo se for apenas para fornecer-lhes, no começo, o consolo de saber que não estão sozinhos.

Não se envolva com pessoas para quem o divórcio é a coisa mais excitante que já lhes aconteceu, e se veem no *direito* de revivê-lo com você ou com qualquer um que esteja disposto a ouvi-las. Costumo referir-me a essas pessoas como «os chatos do divórcio», como observei em meu segundo livro, *Journey of Divorce... Addicted to Wedding Cake* (Jornada de Um Divórcio... Viciado em Bolos de Casamento). Uma experiência verdadeira e bem fundamentada de tal sabedoria é sempre bem-vinda. No entanto, *alguém* que só se lamenta pelo divórcio sem nada ter aprendido com ele, só verá sua energia ser drenada.

Manual de instruções

Sua sorte foi lançada há muitos anos, mas você passou todo esse tempo decifrando o manual de instruções para entender como usar "você" corretamente.

Voltando à sua infância, talvez ainda se lembre de ter ganhado um brinquedo ou um *kit* e tentar montá-lo sem o manual de instruções, que foi esquecido na caixa ou arremessado para longe; porém, teve afinal de recorrer a ele quando o objeto montado não se pareceu com seus sonhos nem com a fotografia da tampa da caixa. E daí... *bingo!* O momento acontece quando você vira a página quatro e percebe que a parte B-iii não se encaixa na abertura C-iv, e que se você movê-la para a abertura B-ii, tudo ficará bem (desde que você ainda não tenha colado nada no lugar errado!).

Tendo passado pela experiência de um divórcio, posso afirmar com alguma autoridade que a recuperação é uma grande aventura. Você vai descobrir muitos aspectos bons de sua própria personalidade que nunca chamaram a atenção antes. Claro, cometi erros além da minha cota, ao longo do caminho, e isso apenas faz parte do processo geral. Outros traços de sua personalidade podem ter sido o foco durante anos, mas você nunca entendeu quanta influência exerciam sobre sua vida e, a daqueles que a rodeiam. Talvez queira melhorar ou controlar essas características — a opção é sua.

Com o passar do tempo, sua percepção pode mudar, e o amadurecimento a transformará naquilo que realmente é. E agora que você sabe como, isto deve ter um efeito positivo sobre sua perspectiva de futuro.

Passando agora para você e para a recuperação de seu próprio divórcio, desejo-lhe todo o sucesso em sua nova e emocionante jornada enquanto explora seus talentos, seu desenvolvimento, suas possíveis deficiências e aspirações. Embora possa estar nervosa ou confusa pela forma como enfrenta esta perspectiva, espero que esteja genuinamente excitada com a oportunidade de construir uma vida que de fato combina com você, e não uma que apenas se adapte aos que a rodeiam.

Tudo o que você precisa fazer é obter o manual de instruções de si mesma e lê-lo!

Assim, finalmente, está pronta para ficar sob o holofote, no palco do show de talentos de sua recuperação?

Já escolheu o local e o público? Claro que você sabe que o ato que está prestes a realizar fará com que todos saltem de suas poltronas. Você exala autoconfiança e segurança. O traje que selecionou parece fantástico e certo para a ocasião. Sabe quando deverá estar lá? Além disso, será que deixou tempo suficiente para a execução de seu único show?

Recorde-me agora do remate definitivo que você vai dar para derrubar a sua plateia...? *Ótimo!*

Seu público está pronto e, como você, animado com a expectativa, e agora — é sua vez.

A oportunidade bate à porta! Boa sorte.

Suas Anotações

Está pronta para sua recuperação? Está consciente do que pretende conseguir? Quando vai alcançá-los? Finalize seus planos de recuperação aqui.

_____

_____

_____

_____

_____

_____

_____

_____

_____

_____

_____

_____

_____

_____

_____

_____

_____

_____

_____

_____

_____

Sua oportunidade bate à porta! Boa sorte.

Fontes

BBC: *Who Needs Fathers? The Right to be a Dad*, **Documentário da BBC, 2010.**

Documentário com base num estudo realizado por Ted Huston, professor de Ecologia Humana da Universidade do Texas, e apresentado na revista científica americana, *Personal Relationships* (Relações Pessoais).

Dunbar, Robin: *Falling in love costs friends.* **BBC Newspaper Article, setembro de 2010.**

«Apaixonar-se custa a perda de amigos» é um estudo realizado por Robin Dunbar, professor de Antropologia Evolucionária da Universidade de Oxford, cujo artigo foi publicado em 15 de setembro de 2010 pela BBC News, SCIENCE & ENVIRONMENT.

Informação completa no *site*: http://www.bbc.co.uk/news/science-environment-11321282

Fowler, James H; **McDermott,** Rose; **Christakis,** Nicholas A: *Breaking Up is Hard to Do, Unless Everyone Else is Doing it Too: Social Network Effects on Divorce in a Longitudinal Sample Followed for 32 Years.*

Esta pesquisa sobre divórcios em Grupo, e a monografia que a ela sucedeu, «Terminar um relacionamento é difícil, a não ser que todo o mundo o esteja fazendo também: Efeitos do divórcio num círculo social, em uma amostra longitudinal, acompanhada por 32 anos» foi desenvolvida por James H. Fowler, professor na Universidade da Califórnia, San Diego, Rose McDermott, professora na Universidade Brown e Nicholas A. Christakis, professor em Harvard.

Health Protection Agency (Agência de Proteção à Saúde): *HIV infection more than doubles in over 50s*, **21 de julho de 2010.**

O artigo «A infecção pelo HIV mais do que duplica em pessoas com mais de 50 anos» foi publicado pela Agência de Proteção à Saúde, Centro de Pesquisa de Infecções, no Reino Unido.

Informação completa no *site*: www.hpa.org.uk

Holmes, TH; Rahe, RH: *The Social Readjustment Rating Scale (SRRS)*, **1967.**

A Escala de Reajustamento Social, EUA, foi um estudo realizado sobre a previsão de mudanças na saúde, num futuro próximo, a partir de transformações do estilo de vida dos indivíduos.

IBGE– Instituto Brasileiro de Geografia e Estatística.

Informação completa no *site*: www.ibge.gov.br/home/

Maestripieri, Dario: *Between – and Within – Sex Variations in Hormonal Responses to Psychological Stress in a Large Sample of College Students*, **Journal Stress, setembro de 2010.**

O artigo «Variações hormonais ao estresse psicológico de uma amostra alargada de estudantes universitários do mesmo sexo e de sexos diferentes» foi publicado pela Revista Científica Stress, em setembro de 2010, pelas Universidades de Chicago e Northwestern, com base n´O Estudo do Corticol e seus efeitos (*Study of Cortisol and its effects*).

Dario Maestripieri é professor de Desenvolvimento Humano Comparativo da Universidade de Chicago.

Informação completa no *site*: http://primate.uchicago. edu/2010Stress.pdf

Mental Health Foundation (Fundação de Saúde Mental): *Moving on up*, **2009.**

Esta fundação do Reino Unido publicou, em 2009, um relatório denominado «Mexa-se», que conscientiza a população sobre os benefícios da ginástica para a saúde mental.

Informação completa no *site*: http://www.mentalhealth.org. uk/publications/moving-on-up/

Office of National Statistics (Instituto Nacional de Estatística).

Website para as estatísticas nacionais do Reino Unido.

Informação completa nos *sites*: www.statistics.gov.uk e www.ons.gov.uk

Smith, RD; Delpech, V; Brown, AE; Rice, BD: *HIV transmission and high rates of late diagnoses among adults aged 50 years and over.* Health Protection Agency (Agência de Protecção à Saúde), AIDS, 2010.

Este estudo sobre Doenças Sexualmente Transmissíveis (DST) relata a transmissão e as altas taxas de diagnóstico de HIV entre os adultos com idades entre 50 anos e mais. Publicado no Jornal AIDS, em julho de 2010.

Informação completa no *site*: http://journals.lww.com/aidsonline/pages/default.aspx

Sites úteis

No Reino Unido...

ChildLine (linha da criança)
www.childline.org.uk

É um serviço de aconselhamento para crianças e jovens. O apoio, aconselhamento e ajuda a crianças até os 18 anos são fornecidos pela NSPCC, National Society for the Prevention of Cruelty to Children (Sociedade Nacional de Prevenção da Crueldade a Crianças).

Citizens Advice Bureau (Agência de Aconselhamento ao Cidadão)
www.citizensadvice.org.uk

É um serviço que ajuda as pessoas a resolverem seus problemas gerais, tais como legais e financeiros, ao fornecer conselhos de forma confidencial e independente, livres de quaisquer ônus, e ao influenciar os responsáveis políticos pela tomada de decisões.

Department of Work & Pensions (Departamento de Trabalho e Aposentadorias)
www.dwp.gov.uk

O DWP dedica-se à previsão e informações relacionadas à aposentadoria. O Serviço de Pensões (The Pension Service), que faz parte do Departamento de Trabalho e Aposentadorias, oferece aos seus clientes pensionistas, beneficiários e aposentados informações sobre, por exemplo, pensão do Estado e crédito de pensão.

FPA –The Sexual Health Charity FPA (Instituição de Caridade para a Saúde Sexual FPA)

www.fpa.org.uk

A Associação de Planejamento Familiar (*Family Planning Association*) é uma Instituição de Caridade para a Saúde Sexual e fornece informações, aconselhamento e apoio relacionado à saúde sexual, sexo e relacionamentos para todas as pessoas do Reino Unido.

Her Majesty's Court Service (Serviço Judiciário de Sua Majestade)
www.hmcs.gov.uk

Para cópias de formulários financeiros publicados em juízo.

Mental Health Foundation (Fundação da Saúde Mental)
www.mentalhealth.org.uk

Fundada em 1949, a Fundação da Saúde Mental é a principal associação de caridade do Reino Unido que oferece informações, realiza pesquisas, campanhas e trabalhos para melhorar os serviços para qualquer um que esteja sofrendo de problemas relacionados à saúde mental, não importando a idade ou o local de residência.

Mind (Mente)
www.mind.org.uk

Este site ajuda as pessoas a controlarem a mente. Assim, possibilita que aqueles que sofrem de alguma perturbação emocional possam ter uma vida completa e participar da sociedade ativamente. Fornece informações, conselhos e programas de treinamento.

Relate (Relacione-se)
www.relate.org.uk

Site que oferece conselhos, terapia de casal, terapia sexual, *workshops* e apoio, pessoalmente, por telefone e via internet.

Resolution (Organização Nacional de Advogados Especializados em Direito de Família)
www.resolution.org.uk

Seus 6500 membros são advogados comprometidos com a resolução positiva de disputas familiares.

The Terence Higgins Trust (Fundo Terence Higgins)
www.tht.org.uk

Maior e principal instituição de caridade do Reino Unido, o Fundo Terence Higgins foi fundado em 1982.

No Brasil...

IBGE– Instituto Brasileiro de Geografia e Estatística
www.ibge.gov.br/

Realizou, em 2010, um censo com a população brasileira para relatar suas características socioeconômicas.

Portal da Saúde do SUS (Sistema Único de Saúde)
http://portal.saude.gov.br/portal/saude/area.cfm?id_area=925

Poderá ser-lhe útil, tanto à saúde mental quanto à física.

Ministério da Segurança Social
http://www.mpas.gov.br/conteudoDinamico.php?id=380

Para quaisquer informações relacionadas à aposentadoria, consulte o *site* ou ligue para a central de atendimentos (135).

Sobre o autor

Atuando na indústria de serviços financeiros por mais de um quarto de século e sendo altamente qualificado, no Reino Unido, em serviços financeiros de retalho, Keith fundou a empresa *Chapters Financial Limited* com Esther Dadswell em 2004.

Registrada como uma companhia de planejamento e situada em Guildford, Surrey, no Reino Unido, a empresa oferece consultoria independente para clientes e consulentes. Esta consultoria abrange desde pensões e planejamento de aposentadoria, incluindo planejamento tributário, até gestão de fortunas, investimentos, negócios e planejamento de seguros de saúde e de vida. A empresa é autorizada e regulamentada pela Autoridade de Serviços Financeiros do Reino Unido.

Keith formou-se em Finanças (*BA with Honors*), em 2007, na Napier University e tornou-se membro da Sociedade de Finanças Pessoais em dezembro de 2007.

Em 2008, utilizando as normas internacionais, foi a quarta pessoa no Reino Unido a conseguir o Certificado de Planejador Financeiro, ISO 22222, a norma britânica para planejadores financeiros pessoais.

Pensões Alimentícias Decorrentes de Divórcio tornou-se numa das especialidades de Keith. Tendo se divorciado duas vezes, possui conhecimento e experiência pessoais de todo o processo. Além disso, é Negociador Financeiro Neutro Credenciado (*Resolution accredited Financial Neutral*) nos processos de divórcio. Detalhou suas experiências e conhecimentos referentes ao divórcio em seu segundo livro, *Journey of Divorce... Addicted to Wedding Cake* (Jornada de um Divórcio..., Viciado em Bolos de Casamento).

Keith relatou seus 25 anos de experiência em serviços financeiros pessoais em seu primeiro livro, *Sign Here, Here and Here!... Journey of a Financial Adviser* (Assine Aqui, Aqui, e Aqui!... Jornada de um Consultor Financeiro)

Sua empresa, antigamente conhecida por *Churchouse Financial Planning Limited*, recebeu o prêmio *Gold Awards Standards*, em 2007 e 2008, por seus serviços altamente qualificados.

Keith é regularmente solicitado para expressar sua opinião de especialista na imprensa local e nacional do Reino Unido e tem sido frequentemente entrevistado no rádio nos últimos cinco anos.

Sua presença na rede social é ativa e pode ser encontrado no Linkedin.com e Twitter como @onlinefinancial

Além disso, Keith procura manter uma vida fora do trabalho: gosta muito de escrever livros, de arte e de manter-se em forma andando de bicicleta, fazendo exercícios e mergulhando.

designed by